自分を貫く

絶対に目標を達成する9つの方法

THE
MOTIVATION
MANIFESTO

ブレンドン・バーチャード 著
Brendon Burchard
プレシ南日子 翻訳

フォレスト出版

「あらゆる宗教、芸術、科学は同じ一本の木から伸びた枝である。
これらの大志はいずれも人生を高尚《こうしょう》にし、
単なる物理的存在の領域から引き上げ、
個人を自由へと導くことに向けられている」

アルベルト・アインシュタイン

自分を貫く　目次

CONTENTS

第1部

パーソナル・パワー宣言

自分自身の力を引き出し思いのままに前進する

SECTION ONE

THE DECLARATION OF PERSONAL POWER

The Declaration of Personal Power

理想と自由を実現するとは、自分を貫くこと

「ライオンのように勇敢《ゆうかん》な心を持って生まれてきたのに、どうしてネズミのような生き方をしているのだろう?」

偉業を成し遂げるべく運命づけられている人々は、必ず人生のある時点で、真意を映し出す鏡の前に立ち、こう自問するときを迎えます。

鏡に映っている疲れきった自分の目をまっすぐ見据えて、よく考えてみましょう。

ついほかのことに気を取られて、そのたびに膨大な時間をムダにしてしまうのはなぜか。

本当の自分を世間の目にさらすと考えただけで、萎縮《いしゅく》してしまうのはなぜか。対立が生じそうになると、慌てて回避しようとしてしまうのはなぜか。

そして、無難な生き方を受け入れてしまうのはなぜなのか。

自然は勇敢な人々、固い意志を持った人々、創造的な人々、自立した人々、つまり私たち一人ひとりに無限の自由と力、豊かさを与えてくれます。

しかし、どうして私たちは狂気じみた社会の競争におとなしく参加し、平凡な日常という迷路に入り込み、わずかな報酬に甘んじているのでしょうか。

実のところ、安心感を得たいとか、受け入れられたいという欲求を満たすために世論に追従し、退屈な人生に縛《しば》られてはいないでしょうか。

あなたは、こう自分の心に尋ねなければいけません。

「いつになったら、もっと上のレベルの存在に昇格する準備ができるだろう？」

人生の自然な営みの中で、こうした問いを投げかけ、自分を縛っていた思い込みや習性を断ち切る必要が出てきたら、神と自然の法則によりたまわった個人のあらゆる力を改めて受け入れつつ、人類にしかるべき敬意を払いましょう。

それには、実力を発揮し、あなたが生き生きと成長し、幸せをつかむのを邪魔しようとする人々と決別するという意欲を示す必要があります。

自分自身の力「**パーソナル・パワー**」を引き出し、個人としての自由「**パーソナル・フリーダム**」を手にすると宣言するのです。

私は、これから挙げる事実を自明のものと考えています。どんな意志や動機を持ち、なんのために努力し、どのような習慣を持っているかは人それぞれ異なります。そのため、生き方もまちまちですが、本来すべての男女は生まれながらにして平等なのです。

そして、あなたは、生きる権利、自由になる権利、幸せを追求する権利など、誰にも奪うことのできない権利を与えられています。

活動的で自由で幸せな生活を送りたいなら、私たち一人ひとりが自分の人生に対する責任を受け入れ、注意深く、自制心を持って生きる必要があるのです。

人間の最も優れた能力は、自分自身について自主的に考え、目標や愛情、行動を自ら選べることだと私は信じています。

◆――パーソナル・フリーダムを失わなければ自由を手にできる

心の中には自由と独立を求める自然な本能、自ら進む方向を決めたいという心理的性質、成長を求める生物学的要請、生き方を自ら選び進んでいく精神的喜びが備わっています。

そのため、人類の主な動機は、**自由になり、制約を受けることなく本当の自分を表現し、**

夢を追い求めること、つまり、「**パーソナル・フリーダム**」**を経験すること**です。

こうした権利とパーソナル・フリーダムを失わないように、正しい判断力を持つあなたは恐怖心や慣習、世論に左右されてはいけません。自分の人生は自分で管理し、思想や行動が否定的になったら、自らの責任でそれらを変えたり、やめたりして、**より自由で幸せな生活の基礎となる新しい習慣を始めること**です。

私たちは能力を発揮し、世界に関する考え方や、世界との関わり方を改善する必要があります。

自己抑圧と社会的制約の長い連鎖があなたの力と独立をむしばんでいるなら、そのような人生は捨て去り、新しい人生を始めましょう。重荷を下ろして、偉大さへと続く門をくぐり抜けて突き進みましょう。これはあなたの権利であり、「義務」でもあるのです。

いつの日か、誰か、またはなんらかの幸運がチャンスと幸福をもたらしてくれると期待しながら、これまで十分長い間耐え忍んできました。ですが、自分以外の何者も自分を救うことはできません。

現在の人生のレベルで立ち往生している人にも、高い意識と喜びに満ちた上のレベルに進むことを決意した人にも、運命のときは迫っています。

不安定で激動に満ちたこの世界で、私たちは安らぎを見いだし、自分の力を頼りにそれぞれにふさわしい人生を築き上げなければなりません。それには多大な努力を要します。なぜなら、過去の行動を振り返るとわかりますが、私たちは人から価値を認められ、受け入れられたい、愛されたいと無意識のうちに願うあまり、自分で自分を傷つけたり、不幸にしたりしてばかりいるからです。相手は、私たちの本当の気持ちや能力など理解していないのにです。

そうして、**あなたは自分を抑えつけてきました**。明確な意図と基準を持つことを忘れ、なかなか自分の願いや夢を口にすることができずにいました。

平凡な日々を無為に過ごし、声が大きく、押しの強い人々の言いなりになって、彼らが望む人間になり、彼らが望む行動を取ってきました。あなたの人生は、愚かな独裁者の手に握られていると言ってもいいでしょう。

こうした間違いに敏感に反応し、勇気を持ってそれを認められれば、これまで眠っていた潜在能力が目覚め、輝かしい新たな道が見えてきます。

ですから、自分で人生の軌道修正をしましょう。鏡に向かい、ありのままの自分になるのです。どんな姿が映っていたとしても関係ありません。こうした人類共通の真実に則《のっと》り、自ら宣言することで、自由を取り戻しましょう。

私たちは往々にして、深遠なる無知の世界に迷い込んでしまいます。周りにエネルギーや幸運があふれているのに気づかず、今この瞬間の重要性を見落としていることもしばしばです。

これでは、現在の幸せや喜びを味わうよりも、どこかほかのところで別のことをすることを選び、何時間も隔たりのある別の時間帯で生きているようなものです。

私たちは忘れています。人生の敵は、いつか訪れる死ではなく、現在、まさに今この瞬間の人生に無関心になることだということを。自由を手にし、全力で生きていきたいのなら、意識の力をすべて現在の経験に集中させる決意が必要です。

再び「感じる」ことを選択しましょう。自分がどんな人間でありたいか、どんな役割を果たしたいか、世界とどう関わりたいか、心に念じるのです。積極的に意識していなければ、他者とも自分自身ともつながることはできませんし、今求められていることに柔軟に応えることもできません。そのために、今こう宣言しましょう。

「全身全霊を傾けて、力の限り人生と向かい合う」

◆──もっと自分の計画を優先していい

私たちは、日々の生活の主導権を手放してしまいました。絶え間なく邪魔が入る中で、高い志を追求する克己《こっき》心も失われてしまいました。休日に自由な時間を持つことなど、想像もつきません。催眠術にかかったかのように、**他者の要求すべてに応えなければならないと思い込んでいる**からです。

私たちは取るに足らない仕事や、実は大して重要ではないのに急を要すると思い込んでいる事柄などに四方八方から引っ張られ、有意義な努力をすることもできず、愛する人たちのニーズと自分の人生のバランスを取る方法がわからなくなりがちです。

最も戦う価値のあるものを見失い、仕事に忙殺されていますが、それは一生の仕事ではありません。人生の目標をはっきりと意識し、がむしゃらに進んでいける人は一握りなのです。

朝目覚めたとき、目標を達成しようとやる気がみなぎることもなければ、目標に向かって日々を過ごすこともありません。意識的に人生設計を行なう人々には、より多くの喜びと力、充足感に満ちた人生が待っています。そのために今こう宣言しましょう。

「**自分の計画を取り戻す**」

◆──不安と恐怖による〝先延ばしグセ〟を防ぐ最善の策

あなたの内面にある何かが、自由を求める自然な動きを妨げています。

居心地の良い場所を離れようとするときや、この恐ろしい世の中で嘘をつかずに愛情を持って生きることを選択したとき、地位をなげうってでも変化を起こそうとするとき、苦労と努力なくしては手に入らない価値あるものを求めるとき、内面にある何かが泣いたりわめいたりして、あなたを引き止めようとするのです。

傷つきやすくなり、思うように成長したり、活躍したりできなくなるたびに、自分の中にひそむ悪魔が、不安と恐怖という毒を盛ります。

この**「疑いの悪魔」**と**「先延ばしの悪魔」**をどれだけよく理解しているか、彼らからどれだけうまく身を守れるか、日々繰り返される彼らとの戦いにどれだけ勝てるかによって、あなたの運命は決まります。

自制心のない人は恐怖の奴隷になりますが、自制心のある人は偉業を成し遂げ、すべてを超越することでしょう。そのために、今こう宣言しましょう。

「自分の中にひそむ悪魔に打ち勝つ」

◆――他者の許可など必要ない！　少しだけ無鉄砲に前進すればいい！

ほとんどの人は、今よりもずっと早く成長する力を持っています。それなのに、何かにつけて立ち止まってしまいます。そして、本当の自分を見つけ、夢を宣言し、目標に向かって懸命に努力し、愛と人生に対して完全に心を開くのをためらい続けます。

自分の中から自然に勇気がわき上がってくるのを待ったり、潜在能力を目覚めさせることについて社会から許可が下りるのを待ったりしてしまうのです。

ですが、私たちは忘れています。勇気を出せるかどうかは自分の選択次第であり、そもそも恐怖心にとらわれた一般の人々が、**あなたが勇敢に前に向かって歩き始めることを許可するはずなどない**ということを。

どんなときも変化を求めるには、**少しだけ常軌《じょうき》を逸《いっ》した行動をする必要があります。**それをほとんどの人は忘れています。

すべての条件が整う前に誰の許可も得ずに行動を起こすことが不合理だとか、無鉄砲だというのなら、不合理で無鉄砲になりましょう。あなたをあなたたらしめているのは、意図の総和ではなく行動の総和です。

勇気と自制心を持って、率先して行動を起こしましょう。それが自分を救うことになります。立ち上がり、跳躍し、真の成功という高みを極めることができるのです。

今まさに、私たちは偉大で重要なことを始めるように求められています。ですから、機を逸してはいけません。そのために今こう宣言しましょう。

「**思いのままに前進する**」

◆──喜びと感謝が精神エネルギーを蘇《よみがえ》らせる

私たちは疲れ果てています。周りを見回せば、目に入るのは老け込んだ顔や疲れきった顔、眉間《みけん》にしわの寄った顔ばかりです。耳に入ってくる会話は、憔悴《しょうすい》して袂《たもと》を分かつことになった仲間たちがひそひそ声で話しているかのように、だんだんトーンダウンし、あきらめムードになっていきます。

世界中で精神的エネルギーが死に瀕《ひん》しています。経済的豊かさを優先するあまり幸福や健康を犠牲にし、信念よりも成功を優先しているのです。その過程で、人生や他者に対して冷淡になる人もいます。

選ばれた能力のある人々からはエネルギーがみなぎり、力強く、高揚した鼓動が伝わってくるはずなのに、どこに行けばそのような鼓動を感じられるのでしょう?

なぜ、もっと笑い声や元気な声が聞こえてこないのでしょう?

人生に全力を注いでいる人々の活気に満ちた熱狂的な激しさや情熱は、どこにあるのでしょう?

カリスマ性と喜びと人を引きつけてやまない魅力をたたえ、熱く燃えている人々は?

人生の輝きを褒めたたえる声は、一体どこへ行けば聞けるのでしょう?

私たちは人生に対する態度を見直す必要があります。私たちにとって最も重要な義務は人生の魔法を蘇らせることです。そのために今こう宣言しましょう。

「**喜びと感謝の練習をする**」

◆――結局、真実を貫いた人が勝利している！

人生が困難に直面したとき、私たちは安易に妥協しすぎです。ほとんどの人は戦うこともなく他者に迎合し、信念を曲げてしまいがちですが、慢心しているため真実が見えていません。

多くの人は自分のことを、強いと思い込んでいます。ところが、人生をよく振り返ると、愛する人々のために強くあらねばならないときや、あと一歩で夢がかなうというときにあっさりあきらめ、手を引いてしまう傾向が見えてきます。

都合がいいから、あるいは人気を失いたくないからという理由で、私たちは言葉を濁し、心から信じているものをあきらめてしまいます。

しかし、気高い人々は、たとえ貧困や絶望に陥っても妥協せずに本来の自分を貫けます。衝動に従って、弱気になったり、熱意を失ったりしてはいけません。むしろ、力強く勇気を奮い立たせ、愛に全力を注ぎ、あなたの最高の価値にふさわしい人格に自分を高める選択をし、それらを中断することを断固として拒否すべきです。
誘惑に負けず、真実と強さを貫いた人が、自由と勝利を手にするのです。そのために、今こう宣言しましょう。

「信念を曲げない」

◆──感情を解き放てば〝究極の行動力〟が生まれる

私たちは神が意図したように愛したり、愛されたりしていません。愛を感じるというより、選別していると言ったほうがいいでしょう。圧倒的に定着している「自分の心を守る」という考えに惑わされ、愛には敵がつきものであり、愛は守らなければならないものだと思い込んでいます。

心に傷を負ったとき、私たちは愛が減ったり、傷ついたりしたように感じますが、心の傷と愛は無関係です。**愛は痛みとも関連はなく、痛みの影響を受けることもありません。**

傷つけられたのは愛ではなく、自我です。愛は神聖なもので、あらゆるところに絶えずふんだんに存在し、自由です。愛は精神的なエネルギーで、今この瞬間、宇宙全体や私たち自身、私たちの敵、家族、そして、何十億もの魂の中を流れています。

愛が私たちの人生から消えることはありません。愛は心や人間関係と結びついたものではないので、所有することもできない代わりに、なくすこともできません。ただ愛に対する私たちの意識が薄くなるだけです。愛が薄くなると苦しみが生じます。

成長し、心の古傷から解放され、もう一度愛に心を開けば、神聖なる力が手に入ることを覚えておきましょう。

感情を解き放って世界と向き合い、傷つくことを恐れたり、見返りを求めたりせずに心を捧《ささ》げることこそ、究極的に勇敢な行動です。そのために今こう宣言しましょう。

「**愛を増幅させる**」

◆──あなたの中の偉大さが、無気力感を消してくれる

過去何世代にもわたって、人類は理想や美徳を貫けずにいます。かつての社会は、美徳と進歩、無欲さが調和して美しいハーモニーを奏でていました。ところが、今聞こえてくるのは、凡庸な低いハミングとナルシシズムの耳障りな雑音ばかりです。

才能も人々の注目も、個人の熟練や社会的貢献のために十分投資されず、のぞき見主義や低俗な感覚主義に浪費されています。めったに不正を非難することもなければ、自分たちや他者が常に信念や美徳、愛を持って行動することを期待することもなくなりました。

世界中でリーダーシップが機能しなくなり、一般大衆は無気力になり、不当な貧困がは

びこり、不道徳なほどどん欲になり、戦争により世界各地で破壊活動が行なわれ、地雷がばらまかれています。

多くの人々は、あえて今以上に何かを求めることを恐れています。過去の偉大なリーダーたちがしたような、「大胆な挑戦により、方向性を持たない人々を立ち上がらせ、社会に貢献させようとすること」もなくなりました。

ですが、私たちはこの状況を改善しなければなりません。モラルが地に落ちた環境から、世の中の趨勢《すうせい》にあらがう勇気を持った尊敬すべき一握りの人々が立ち上がれるようにするのです。

行動を起こせば、歴史に残るでしょう。ですから、目的を持ち、偉大になりましょう。そのために、今こう宣言しましょう。

「**偉大さを引き出す**」

◆〝今〟〝この瞬間〟を大事にするために、時間の流れを変える

誰もが、スピードを最優先するようになりました。今この瞬間の静寂やうっとりするほどの充足感と美しさ、神聖なる完ぺきさを感じ取ることができなくなってしまいました。ほとんどの人は人生を大急ぎで駆け抜け、自分たちの感覚や周りの状態に気づかず、まさ

に〝今この瞬間の魔法のような質の高さ〟に目を向けることも耳を傾けることもしません。

人生すべてを失うことはないとしても、誰もが疲れきり、ストレスを感じ、現在から引き離されていることは事実です。この代償は計り知れません。

スピードと不安とパニックによって多くの瞬間がぼやけてしまい、すべて気ぜわしい日々の上に積み重なり、人生を経験することも喜びを味わうこともできないという悲劇を生み出します。

最後におなかを抱えて笑ったのはいつですか？

あふれんばかりの美しい愛情を注いだのは？

声帯を痛めてしまうほど、大きな声で誰かを応援したのは？

涙がほとばしるほど感動したのは？

のちのちまで話題に上るほど、にぎやかに楽しい時間を過ごしたのは？

こうして、全身で生きた瞬間を多くの人々はおぼろげにしか思い出せません。そこで、あなたはすべてを「**スローダウン**」する必要があります。

ひとつの瞬間により深く関わるというだけでなく、その瞬間を引き延ばし、本当の意味でその瞬間を感じられるようになるためです。

人生は長く続く有意義な瞬間がモザイクのようにちりばめられ、活気に満ち、心に響き、成長していくものです。

今日という日は、夏の暑い日に涼しいせせらぎで一息つくように楽しむためにあります。そのために、今こう宣言しましょう。

「**時間をスローダウンする**」

◆あなたは「新しい自分」に変わることができる

人生におけるこうした問題のほとんどは、自ら自分に課したものです。ところが、それに気づいているときでさえ、私たちはごくささやかな変化しか求めようとしません。現実的な目標を掲げ、達成に向けて努力するのです。自分の能力をフルに活用することを恐れるあまり、決意が揺らぎ、目標を低く設定してしまってはいけません。

邪魔が入ったり、体制順応的文化に批判されたりすると、並々ならぬ努力ですらくじかれてしまいます。変化には苦難がつきものであり、人生に浸透した負のエネルギーのほとんどは苦難を嫌がることから生じたものです。

ところが、私たちはそのことを忘れて不安と怒りを抱きながら、もっと簡単に変化を起こせればいいのにと不満を漏らします。

人類の物語に繰り返し登場するテーマは2つ。「**奮闘**」と「**進歩**」だけだということを思い出しましょう。

奮闘をやめたいと思ってはいけません。やめれば進歩まで止まってしまうからです。そこで、自分の中の狭量で、何かと不満を抱き、自制心が欠けている部分。つまり、気が散りがちで、ついつい便利で簡単なものばかり求めてしまう性質が、新たな運命をつかさどるのに適していないということを、はっきり認識しましょう。

志を持たない無気力な人々が、あなたの未来を台無しにするのを許すわけにはいきません。潜在能力が、社会的圧力に押しつぶされるのを見過ごすこともできません。

これまで、ほかの人々が自分たちのことをどう思おうと、不当な評価を下されようと、意に介してはいけないと、私は折に触れて人々に警告してきました。

人生を向上させたいと思うきっかけとなった状況について、不満を訴え、人々に丁寧に頼んだり、注意を喚起したりしてきました。より親切で協力的になるよう彼らの寛大さに訴え、志を同じくする仲間として私たちの味方になり、私たちが責任を全うする妨げとなる人々に対抗してくれるよう求めてきました。

ですが、人々には私たちの本当の声が届かないことがほとんどでした。彼らは私たちが彼らを最も必要としているときに、私たちを信じることも、支持することも、応援することもありませんでした。

そのため、彼らの助けや承認をもうこれ以上待つべきではありません。人類のほかの人々同様、彼らが友好的で協力的なら友人と見なしますが、夢を実現する邪魔をし、戦いを挑んでくるようなら、敵と見なさざるをえません。

今こそ目を覚まし、私たち一人ひとりがさらなる活力と喜び、自由を手にできることを認識しましょう。もっと多くのことを感じ、もっと多くの力や愛、豊かさを手にできるかは、私たち自身の双肩にかかっています。

人生を変えられるものは、2つしかありません。ひとつは「**人生に訪れる新しい何か**」、もうひとつは「**私たちの中から生まれてくる新しい何か**」です。

人生の物語を変えるのに、単なる偶然に期待するのはやめましょう。勇気を振り絞って自分たちの手で変えるのです。邪魔が入ることもあるでしょうが、もう隠れたり、自らを過小評価したりしてはいけません。

心から信じましょう。私たちの夢は奮闘に値するものだと。そして、今こそ自由の身になり、栄光に向かって立ち上がりましょう。

そこで、勇気と良心を持つ自由な女性、自由な男性として、自分たちの目的を達成する力を与えてくださるよう創造主に祈りつつ、運命の名の下にここで厳粛に発表し、宣言しましょう。

あなたの人生は自由で自立したものであり、また、本来自立しているべきであることを。

もう私たちを抑圧し、傷つける人々に忠誠を尽くすことはありません。私たちと彼らの間のあらゆる社会的つながりは解消されました。あるいは解消されるべきです。

自由で自立した人間として、あなたは真の力を発揮し、夢を実現し、平和を見いだし、富を築き、私たちの心を射止めた人々だけを愛し、何も恐れず、誰の許可も求めず、自らの大義のために尽力し、個人的成功のために努力し、人類共通の善に仕え、その他、独立し、やる気のある人々の権利である**すべての行動や物事を実行する**と宣言するのです。

この宣言の裏付けとして、神の摂理によるご加護にすがりつつ、人生、未来、神聖なる名誉にかけて、これを誓います。

第2部

人間の本質について

必ず目標を達成する人の絶対条件

SECTION TWO

ON HUMAN NATURE

FREEDOM, FEAR,
AND MOTIVATION

1. 自由を手にする

1. On Freedom

「私は自分の人間性を表現するために、自由を求めているのです」

マハトマ・ガンディ

誰にでも、生き生きと自分の心に正直に目的を持って生きる権利があります。ところが、ほとんどの人はその権利を行使できていません。

私たちはライオンでありながら、ネズミのような生き方をしています。サバンナを自由に歩き回ることだってできるのに、ささいなことに気を取られながら縮こまって暮らしているのです。

人生について大きなビジョンを持ち、毎日そのビジョンをさらに拡大していくことは、全員が神から与えられた使命です。ところが、思うがまま意気揚々《ようよう》と夢を追うどころか、不機嫌にイスに座ったまま他人を責めたり、文句を言ったり、取るに足らない目標を追いかけて、自分という存在の素晴らしさを生かせずにいます。

本当にこれが、私たち人間の本質なのでしょうか。

もちろん違います。本来人間はみな**誰かに飼い慣らされたり、依存したり、束縛されたりすることなく、人生にあふれんばかりの激しい情熱を注ぎながら生きていける**はずなのです。

今日という日は自分のためにあります。1日の目標は自分らしく生き、人生の自由を余すところなく謳歌《おうか》しながら、自分の存在意義や目標、後世に残せる遺産は何かと、探究することです。

社会的制約から解放されれば、そんな日々を送ることができます。そして、自分の力を最大限に表現しながら向上し、能力を伸ばしていけるのです。

ストレスと悲しみで、荒廃した社会にとらわれた人々には想像もできないような激しさで、夢を追いかけることもできます。

ですから、目標を見失わないようにしましょう。

人間の最大のモチベーションは個人としての自由、パーソナル・フリーダムを追い求め、経験することとです。

これは政治的声明でもなければ、西洋特有の考え方というわけでもありません。世界中の人々が、**社会的自由、感情的自由、創造的自由、経済的自由、時間的自由、精神的自由**といった、大いなる自由を心から欲していることを否定するのは難しいでしょう。どんな宗教哲学や精神哲学、人生哲学を持つ人でも、それを実践する自由を求めています。

さらに言えば、人生をどのように感じたいかにかかわらず、人生を感じる自由を求めていますし、何を創造し、どう貢献したいかにかかわらず、創造し、貢献する自由を求めています。仕事の時間や余暇を生かしてどんなことをしたいと夢見ているかにかかわらず、自分のやり方でそれを行ない、楽しむ自由を求めています。どのような政治観を持っているかにかかわらず、それを追求し、支持する自由を求めています。

そして、こうした欲求の根底には、その欲求を選択し、実現する自由を求める、より大きな欲求が存在します。

自分で目標を選択し、それを実現する方法を模索する中で、人生の活力とモチベーションが生まれます。私たちの努力を頓挫《とんざ》させるのは、恐怖心と抑圧だけです。

これこそ「パーソナル・フリーダム」であり、社会的抑圧による制約と、痛ましい自分自身による抑圧（恐怖心）から解放されることを意味します。

抑圧から解放されれば、**他者や自分自身が課した制約に縛られることなく、本当の自分を表現し、心から欲するものを追い求められるようになる**のです。

パーソナル・フリーダムを謳歌しているときには、自分という存在が本物であると実感し、喜びを感じます。

束縛されることもなく、誰かに頼ることもなく、自分の力を信じられるのです。また、自分の意思で活発に他者と関わり、世界に貢献できるようになるのがわかります。

では、私たちの目標であるパーソナル・フリーダムとはどういうことか、ここに列挙しましょう。

- 思い通りに人生を設計し、自由に生きられる。
- 今この瞬間に抑圧や過去に負った心の傷、現在抱えている心配事から解放される。
- 自由な精神を持ち、楽しくおおらかに生きられる。
- 相手に受け入れられるか心配せずに、勇気を持って自分の考えや感覚、志について周りの人々と話し合える。

・自由な意志を持ち、多くの幸せや富、健康、成果、貢献を追求できる。
・自らの情熱に従って選んだ相手を、自由に愛することができる。
・何にも縛られることなく自立し、自分の考えや信念を公言し、それらを守ることができる。
・自分で選んだ使命を実行することができる。
・子どもたちが抑圧に果敢に立ち向かい、何かに貢献したいという貴い意志を持ってチャンスをつかめるように、自由の礎《いしずえ》を築き、自分の選んだ道を歩む意志を芽生えさせるために戦うことができる。

これらはすべての人々が欲し、追い求めているものです。そのことを否定できる人はいないでしょう。

革命家や人道家、哲学者、精神的指導者たちは、何世紀にもわたり人間にとって大きな原動力であるパーソナル・フリーダムを追い求めてきました。

「人間の絶対的権利」という言葉に、その本質が集約されています。

人間の絶対的権利とは、たとえば他者や自分自身の狭い心に服従させられることなく、自分のために考え、考えを語り、幸福を追求し、平和と繁栄を求め、神聖なものに対する考えを歌い上げる権利を言います。

私たち個人一人ひとりが、恐怖心を抱いたり、傷を負ったり、投獄されたり、一方的に社会的制約を受けたりせず、幸せに穏やかに人生を送る権利を持つべきです。

このことについては、恐怖で国民を抑圧する専制国家を除くほとんどの国の現代文化、政治運動、人類研究の場で議論されています。他者に支配されているとき、人生は輝きを失い、人々は落ち込みがちで凡庸になることを、私たちは本能的に知っています。

もし、パーソナル・フリーダムを求めて戦わなかったらどうなるでしょう?

◆もう、他者に服従する人生はやめよう

私たちは自由や勇気ではなく服従や不安ばかり口にする他者の社会のために、自由な意志を手放すことになります。本当の自分は虐げられ、進むべき道を見失った社会を映し出しているだけの「偽の自分」が姿を現すことでしょう。

「他者」があなたの人生に口を出すようになり、あなたはもはや「自分」ではなくなってしまいます。他者の都合や期待に従う「歩く屍《しかばね》」になってしまうのです。

仮面をかぶり、単調で悲しみに満ちた荒野を延々とさまよい歩くことになります。やがて疲れて弱っていくことでしょう。人間性も失われます。

そして、最悪の行動をするようになります。自分や他者のために声を上げることなく、ただ言いなりになって動くようになるのです。

過去には、こうした状況下で人類最悪の事態が発生しました。特権階級のエリートや教会の命令で焦土作戦や民族浄化が行なわれ、特定の人種や階級の人々が大量虐殺されたのです。世界各国が手をこまねいている間に、ホロコーストによって数百万人の命が奪われました。また、社会全体が無関心になったために一部の人々が貧困に苦しみ、個人の自由や権利をないがしろにする暴徒や異常者が卑劣な行為を行なうようになりました。自由を失うと誰もが苦しむことになるのです。

なぜ、人々は自由を希求するのでしょう?

それは、**自由が人間の欲求である上昇思考（今の状況から脱却し、目標や可能性、最高の自分を実現したいと願う自然な動機）と強く結びついている**からです。

幸福から挑戦、進歩、創造的表現、貢献、貴重な知恵、悟りの追求まで、人生の質を偉大な人々にふさわしくするものは、いずれもさらに高いレベルの存在となり、さらに多くのものを与えられるようになりたいという願望がもたらします。

すべての人間は生まれつき、より高尚な存在になろうとする傾向があります。ですが、この傾向を実際に行動に移せるかはその人次第です。

覚えておきましょう。自由を手に入れるには、**勤勉な意志**と**決断力**が欠かせません。人生のレベルを上げたければ、**根性**と**決意**、**懸命な努力**と**勇気**が必要です。

努力した人々は、人生および歴史に残る栄光を手にすることができます。過去の偉大なる達人やリーダーたちは、社会や自分自身からの抑圧を見事に振り払い、自由になりました。このことをよく考えてみましょう。

彼らは茨の道を歩むことになりましたが、それでも現在という瞬間の中で自由になる方法を学び、本当の自分を表現し、恐怖心のために萎縮《いしゅく》することなく世界を創り上げ、貢献することができたのです。

裁判にかけられたり、投獄されたりもしましたが、服従する必要はないと感じた彼らは、**誰にも頼らず、唯一無二の存在になり、自分の心に正直に生きることを学び、世界に貢献しました。**

◆——私たちはすでに、自由を手にする数多くの瞬間を目にしている

こうして自分を解放した人々の中には、世界で最も高貴な人物が名を連ねています。たとえば、インド独立の父マハトマ・ガンディや、ユダヤ人強制収容所から生還し『夜と霧』などの名著を残した精神科医ヴィクトール・フランクル、アメリカ公民権運動の指導者マー

ティン・ルーサー・キング・ジュニア、アパルトヘイト廃止に尽力したネルソン・マンデラは、とらわれの身となっても自由を失いませんでした。歴史をひもとくと、自由を希求した人々の姿が象徴的なメタファーとして浮かび上がります。

私たちは目にしました。 信念を曲げず、独立のための戦いをやめることを拒否して独り処刑台に立つ勇敢な革命家を。

私たちは目にしました。 名高い反乱において、将来子どもたちが自由を手に入れられるように、重装備の大軍勢を前に劣勢ながら死を覚悟で戦いを挑む人々を。

私たちは目にしました。 空中で爆弾が炸裂《さくれつ》しても、自由という礎の上に勇敢な人々の家が築かれ、新しい国家が生まれるのを。

私たちは目にしました。 荒馬にまたがり、馬よりもさらに荒々しい男たちが、新たな土地、新たな人生を求めて地響きを立てながら我先にと西へ向かうのを。

私たちは目にしました。 隣人たちが青の軍服とグレーの軍服に分かれて殺し合い、祖国の土地を血で汚しながらも、南北戦争の精神に則り、ついに同じ人類である人々を奴隷にするという発想を捨てることに成功するのを。

私たちは目にしました。 2人の兄弟が重力による執拗《しつよう》な束縛から逃れ、自作の飛行機で空を飛ぶことで、世俗的束縛からも解放されるのを。

私たちは目にしました。家から何千マイルも離れた戦場で、オリーブ色の軍服に身を包み、短剣と銃と水筒、そして責任感と名誉を携え、国を背負った人々が、顔まで泥と血にまみれながら、第一次世界大戦を戦い抜くのを。

私たちは目にしました。怪物のように怒り狂い、何百万もの人々を恐怖のどん底に突き落とし、命を奪った狭量で邪悪な独裁者ヒトラーを、連合国が打ち負かすのを。そのうちの一国を率いていたのは、車イスに乗りながらも自由を失わなかったフランクリン・ルーズベルト大統領でした。

私たちは耳にしました。何千人もの人々が、つるはしを振りかざされ、犬をけしかけられ、消防ホースで脅されてもひるまずに、恐怖と古い考えに凝り固まったいくつもの街を行進するのを。何十万もの人々が丘の上の輝く街に集まり、ある自由な男性の「自由の鐘を鳴り響かせよう」という夢に耳を傾け、最も高尚な夢が語られるのを。

私たちは目にしました。白いふわふわの宇宙服に身を包んだ勇気ある男たちが、小さい金属製の宇宙船に乗って青空の向こうに広がる闇の世界へ飛び出し、地球という限界を超え、月に着陸し、生還し、人類にとって大きな飛躍が成し遂げられるのを。そして、世界中の誰もが、もはや不可能なことなどないと信じるようになりました。

私たちは目にしました。ベルリンの壁が崩壊したとき、自由を希求する何百万もの人々が、人類を二分する現実の、そしてメタファーとしての壁を打ち破るのを。その前にはドイツから数千マイル離れた国の大きな広場で、無力な男性が自由の権利を主張して、向かい来る戦車の前に決然と立ちはだかるのも目にしました。ちなみにこの国には今も偉大なる壁、万里の長城がそびえています。

歴史には、こうして自由を求めて戦った人々の血と汗と涙、そして苦難に彩られた光景が刻まれています。自由という大義のために何百万もの人々がデモ行進し、何百万もの人々が戦い、何百万もの人々が命を落とし、何百万もの人々が力強く生きていくのを私たちは何度も見てきました。

人類の物語は自由の探究と、より高い生活水準、より良い人間関係を求める奮闘の物語と言えるでしょう。

独裁や抑圧、私たち自身の心の闇や心の狭さによる限界に打ち勝ちたいという神聖な欲求の中に、人類の希望が繰り返し姿を現しているのがわかります。

残酷で暗い時代でもめげずに希望を見つけ、自由に幸せな人生を歩んだ人々は、財産や幸運、名声に恵まれていたわけではなく、良心と勇気を持った人々でした。

彼らは時代の要請に気づき、周りの人々と共に運命を切り開かなければならないこと、自分の中の悪魔と社会的独裁者の両方に打ち勝つというモチベーションを維持しなければならないことを、よく理解していました。彼らは悟り、がまん強く何年も努力を続けました。そして、誰にも引け目を感じることなく、独立と権利、目標を宣言したのです。

彼らを導くものは自分の中にしかありませんでした。本当の自分になる勇気、そして、より高尚な目標にエネルギーを向けるための鍛錬を求める心の中のマニフェストです。

彼らが範を示してくれたおかげで、私たちは数多くの社会的自由を手にしました。世界中で政治的自由が拡大し、また強く求められるようになってきました。経済的自由も世界の隅々まで拡大しつつあります。独立し、個性を持った人々が商業の分野で活躍するようにもなりました。

また、自由で豊かな社会では、あらゆる分野で利便性が高まり、身体的脅威から保護され、誰もが教育や医療を受ける権利を持つのが当たり前になっています。これらはいずれも、自由を求めて戦った人々のおかげで手に入ったものです。

私たちは先人の恩恵を受けています。そして、未来の人々のために私たち自身も現代のパーソナル・フリーダムを探し求め、発見する義務があると言えます。

毎朝目覚めるたびに今は人生にとって非常に重要なときであり、心の狭い人々から認められることを優先して偉業を成し遂げられずに終わるか、決してあきらめようとしなかった偉人の後を継げるかの瀬戸際であることをはっきり意識しましょう。

私たち一人ひとりがそれぞれのやり方で、それぞれの声で、彼らの勇気に共鳴するのです。あなたは自由のために戦い、自由を大義とし、まさに自由を経験し、自由を達成するために日々努力しているのだと宣言しましょう。

◆──権力と金銭に取りつかれると、自信がどんどんなくなっていく

私たちには自由が多すぎるのではないか、自由すぎることが裏目に出ているのではないかと疑問に思う人もいます。

平和と繁栄のこの時代を客観的に見ると、世界が良いほうへ変わってきた一方で、魂を病んでしまった人がいるのも事実です。豊かさに浸りすぎたために怠惰《たいだ》で欲が深く、うぬぼれと権利意識が強くなってしまったとも言えるでしょう。

もっとも、たとえ政治的に自由な国に住んでいたとしても、彼らは本当の意味で自由とは言えません。悪い習慣にとらわれ、それを繰り返してしまうからです。

権力欲や金銭欲に取りつかれた人々は、まさに病んでいます。目的もなく絶えずさらに多くを求め続け、苦痛を味わうのです。成功するために社会的な仮面をかぶり、それゆえいつになっても自分自身や生き方に自信が持てず、心の奥深くに負った傷によって、**どうすればもっと多くの富を得られるか、どうしてまだ手に入らないのか、富を手にするため**

には誰を喜ばせ、どんな人間になるべきか、ということばかり考えるようになります。

人からあこがれられる存在でいなければならないと思い込んでいる女性は、自己への執着から逃れられず、本当の喜びを感じることはできません。若さと美しさを保ち、社会から受け入れられるための終わりなき戦いの奴隷となるのです。果てしない欲望のために、成長の余地があっても目に入らず、他者を遠ざけ、純粋に自己表現したり、自分にふさわしい真実の愛を育んだりする機会を逸してしまいます。

また、権利意識の強い人々は惨めに泣きごとを言い続けることになるでしょう。何もしないですべてを手に入れられると信じる人々は、自分よりも裕福な人々に対する幼い嫉妬《しっと》心と軽蔑《けいべつ》心にいつまでも縛られ続けることになります。

権利意識の強い人々は、世界は自分になんでも与える義務があるという考えに、誰よりも強くとらわれていると言えるかもしれません。

したがって、豊かで政治的に「自由」な文化を持つ社会においても、心の不安に乗じて服従を求める独裁が行なわれていることがわかります。

そうした意味でも私たちはパーソナル・フリーダムに再び注目すべきです。政治的、経済的自由が手に入ったからといって、パーソナル・フリーダムを求めるという目標が失われることはありません。

なんらかの社会的圧力は常に存在しています。**怠惰でどん欲でうぬぼれの強い現代人の象徴のようにならないためにも、現代社会の虚栄心から解放される必要があります。**

私たちは自分をコントロールして社会のために優れた能力を発揮できるよう、本物の自分を表現し、人生の目標を喜々として追求すべく努力を怠らないようにする必要があります。それを自分の仕事としましょう。

◆目標の邪魔をするもの

積極的に自己表現し、目標を追求することでのみ、人は自由になれます。

心から自分らしいと思える考え方、感じ方、話し方、ふるまい方ができれば、一貫性が生まれ、幸福の土台を形づくることができます。それをどうして忘れてしまったのでしょう。

パーソナル・フリーダムの探究は、若いころ、信念が芽生え、保護者の指示に左右されずに行動するようになると同時に始まります。そして、初めて母親から離れて歩き、無事にひとりで道路を渡り、食べるものや着るもの、描くもの、ファッションのスタイルなどを自分で選ぶようになるのです。

これは自立しようとする自然な傾向、つまり自分自身になろうとする欲求を物語っています。年を取るにつれて、衝動はよりはっきりし、力強く、知的になります。**自立し、自**

分の道を見つけ、夢を追い、壁を打ち破り、誰の許可も求めずに人を愛し、制約を受けることなく貢献しようと意識的に決意します。

そして、親元を離れて学校に通ったり、恋人と別れたり、リスクを冒したり、新たな仕事を始めたり、運動に参加したり、世界に飛び出したりといった決断をします。

また、自分の考えを主張するようになり、いずれ頭角を現すことでしょう。この自然な衝動は決してなくなりません。

問題は、残念ながらこうした人生の探究に何度も邪魔が入ることです。周りの人々に止められることもあれば、恐怖心が足を引っ張ることもあるでしょう。

これが、私たちが今直面している現実です。人生を愛し、他者を導く自由な魂を持った人々の仲間になりたければ、社会的抑圧や自分自身による抑圧を克服するべきです。

◆──活力を生むために「社会的抑圧に負けない」心構えを持つ

最も難しいタスクは社会的抑圧に勝つことです。私たちの魂は他者により檻《おり》に入れられ、潜在能力をつぶされそうになっています。誰かがあの手この手を使い、残酷な方法、狡猾《こうかつ》な方法あるいは不公平な方法で、私たちを裁き、権威を振りかざし、圧力をかけてくるようなとき、私たちは社会的抑圧を受けていると言えるでしょう。

親が支配的で本当の自分になれないこともあります。言う通りにしなければ別れると、恋人から脅されることもあります。上司が嘘をつき、部下にも真実を言わないように口封じすることもあります。信仰を守りたいと思っていても、文化的に受け入れられている説を押しつけられて息が詰まることもあるでしょう。

他者のいじわるな評価や厳しい批判、屈辱的なコメント、攻撃、不合理な期待、直接的あるいは間接的な行為によって、尻込みしてしまうこともあります。

他者からの影響で、自分は取るに足らない存在である、能力がない、あるいは価値がないと思うようになったら、抑圧されている証拠です。

来歴や階級、宗教、人種、民族、性的志向、年齢、外見などで人々を制限するバカバカしい暗黙のルールや形式的な官僚主義など、私たちを支配する社会によって築かれた人工的な壁も抑圧の一例と言えるでしょう。

人と違うからといって笑われたり、巧妙に服従させられたりしたときのことが心に焼きついている人もいます。衝突を避けるために、自分を曲げたときの状況が忘れられない人もいるでしょう。

私たちは他者とうまくやるために、信念を少しずつ手放しているのです。

そして、学校や職場で「彼ら」と同じように行動するようになりました。心を偽って愛想笑いをしながら、言われた通りの道を歩いてきました。仲間はずれにされたり、批判されたりしないようにできる限りのことをしてきました。何よりも身の安全を確保し、受け入れられ、仲間でいたかったからです。

他者によって自分らしさを奪われたり、目標を追求できなくなったりしたときには、社会的抑圧が働いています。順応性が高い人ほどこのことに気づいておらず、社会的成功を収めにくく、本人らしさがありません。

彼らはありきたりなキャラクターに自分を当てはめ、自発性や本来の自分を失っているのです。もはや鏡に映った姿を見ても、それが自分だと気づかないでしょう。個性を放棄し、集団の好みを絵に描いたような人物になっているからです。

自由な思考を持った人が、このような運命を受け入れることはありません。ですから、常に注意を怠らず、**他者に合わせたいという欲求を拒否するようにしましょう。**

他者に合わせることで得られる、安心感を甘く見てはいけません。パーソナル・フリーダムの大敵だからです。

個人は社会構造や報酬によってランク付けされます。ですが、仕事上の肩書きや給与、敬称、顧問の地位、社会的評価などが深い意味を持つことはめったにありません。

こうしたものは、自分の進む方向に自信を持たせてくれることは確かですし、ほかの人々と同じようにあらかじめ敷かれたレールの上を走っているのなら、脱線していないか、受け入れてもらえそうかを確認できます。

ですが、そうしたものを追いかけ、すべて信じてきたにもかかわらず、あるとき本当に大切なものがほかにあることに気づいたらどうでしょう。

このような疑問を持ち、檻の中の調和を乱すと、人生に深刻なリスクをもたらすことになります。檻から逃げた途端、動物は自分が孤独であることに気づきます。慣れ親しんだ生活やものから離れ、何をしたらいいのかもわかりません。

突然、不確かな状況に置かれ、身もすくむような思いをすることでしょう。もし完全に自由になったら、人は何をし、どこへ行き、日々どのようにふるまい、何に意味を見いだすのか、考えただけでも恐ろしくなるのではないでしょうか。

こうした不確実性の中には、無防備になり、孤独になる危険も隠れています。無防備だと感じるのは、それまで自分を守ってくれていた鉄格子の外に出てしまったからです。檻の中は制約があるとは言え、安心感がありました。

檻にとらわれたままの人々は、自由になった人々をもはや仲間とは見なしません。他者の期待を裏切ることは何よりも恐ろしいと思う人もいるでしょう。仲間はずれにされたり、相手にされなくなったり、見下されたり、愛する価値などないと見なされたりするのが怖いのです。

その一方で、他者のルールに縛られ続けるリスクもあります。社会的に誰もが望んでいると見なされている目標を追いかけているうちに、本当の自分から離れていきます。

一体何人の芸術家が、「もっと堅実な方法でお金を稼ぐべきだ」と言われて芸術の道をあきらめたことでしょう？

一体何人の才能ある人々が、満足感は得られなくても他人から必要とされる役割を演じるために才能をムダにしてきたことでしょう？

一体何人の人々が、より安全で利益が多く、社会的にも受け入れられている道を行くことを選び、夢をあきらめてきたことでしょう？

うっかりしていると、両親や教師、配偶者、ファンといった他者の期待する目標が、自分自身の目標にすり替わってしまうこともあります。

何か新しいことを探し求めるよりも、こうした人々の確信に従ってしまうのです。私たちが追求する、個人的目的よりも彼らの集団的目的が優先されることもあるでしょう。

これは用心する必要があります。他者や文化に気を取られているうちに自分を見失ってしまうからです。そして、自由で正直な人間ではなく、他人の意見に振り回される奴隷になってしまいます。

自分の人生を生きられないほど、惨めなことはありません。したがって難しい選択ですが、**他者と迎合して相手を喜ばせる心地良さか、パーソナル・フリーダムを手に入れるためのより高尚な動機か、どちらかを選ばなければなりません。**

とはいえ、いったんある程度のレベルまで到達し、悟ることができれば、この選択は簡単です。

個人が自由になっても、文化や愛する人たちから完全に隔離されるわけではなく、互いに支え合うことができなくなるわけではありません。個性を持つというのは、社会的、精神的に他者から遠ざけられ、のけ者にされるという意味ではないのです。

私たちは自分に正直であればあるほど、世界とつながり、貢献できるということを学びます。

自由で自発的で自分らしくなればなるほど、モチベーションと活力を取り戻し、人々は私たちに魅力を感じ、そばにいたくなることに気づくでしょう。

◆「自分を抑圧しているのは自分」

残念ながら、ほとんどの抑圧は他者ではなく、最も意外なところ、自分自身から生じています。

自分自身による抑圧は、ネガティブな考えや行動で自分に制約を課している状態を指します。これは心の中で起こる現象で、絶え間なく疑いや不安、恐怖を抱き続けることで精神に重荷を負わせてしまうのです。

人生を棒に振りたい人などいません。ところがほとんどの場合、**失敗に導いているのは私たち自身です。**人生から活力を奪っているのは、愚かな考えや悪い習慣です。幸せを最も抑圧しているのは、自分自身だと言えます。

自分に制約を課しているとき、常に自分自身による抑圧が起こっていることは明らかです。探検するのを恐れるあまり、外出せずに家に閉じこもることもあるでしょう。自信がないために課題になかなか手をつけなかったり、楽しそうな新しい冒険を始めるのをためらったりすることもあります。

実力不足を自覚しているときには、すべての条件が完ぺきに整うまで人前で力を試すべきではないと思い込もうとします。

自分に嘘をつき、決意を翻《ひるがえ》し、夢をつかむ前にあきらめてしまうのです。自分にとって最悪の敵が誰か、もうわかったはずです。

ですが、**自分を救うことができるのもまた自分自身です。**本当の自分らしさを堂々と表現し、自分の心をコントロールし、人生を前に進めるためにこつこつ努力すれば、いずれ必ずあなたの人生にふさわしい自由と喜びを経験できます。

だからこそ、私たちは個人的成長を求めるのです。

自分で自分に与える痛みから自由になるため、より良い選択をするため、未来の自分をもっと好きになるため、社会的状況で自信を持って行動できるようになるため、創造力を最大限に活用して世界に貢献し、最高の変化を起こすために。

そういう意味では、パーソナル・フリーダムを手に入れるとは、自分に対する疑いや憎しみを捨て去り、個性的で力強い正真正銘の自分になれるようにすることと言えます。

自分を解放して積極的に自分らしく人生と向き合うことで、自信を持ち、成長し、精進して最高の自分になり、他者と関わり、世界を経験する純粋な喜びを見いだし、モチベーションと解放感が得られます。

どれだけ自分らしく、どれだけ成長しているかを見れば、その人が自由で健やかであるかはっきりわかります。

これを意識しつつ、責任と勇気を持って自分について考え、こう自問しましょう。

私の志や注目の対象、愛情、行動は本当に自分で選択したものだろうか?

本物の自分として世界に存在し、心から重要だと思える目標を追求しているだろうか?

変化や挑戦に前向きで、潜在能力を最大限に高め、伸ばしているだろうか？

こうした勤勉さから思い出されるのは、「パーソナル・パワーはほとんどの人が避けようとする個人の責任と強く結びついている」ということです。「自由」とは人生の責任から逃れられることだと考えたがる人もいますが、決してそんなことはありません。

「自由ということは、一切責任を負わなくていいということなのでは？」と彼らは考えますが、パーソナル・フリーダムとは一時の感情に流され、面白そうだと思ったことだけをしていられるという意味ではありません。

好き勝手に欲求を満たしたり、気まぐれに周りの人に冷たくしたり、欲しいと思ったらなんでもすぐに手を出したり、刹那《せつな》的な喜びや快楽のために無責任で愚かな行動を取ったりできるということでもありません。これらはいずれも、無意識のうちに強い欲求や衝動の奴隷になっているに過ぎないのです。

自由とは目先の衝動やニーズ、社会的圧力よりも自分らしさを選び、自分がどんな人間になりたいか、どんな人生を送りたいと心から願っているか、どのような足跡を残したいと思っているか、正直に表現する責任を伴うものです。

自分の性格や行動、足跡を自分で選べないとしたら、自分以外のものにコントロールされることになります。

つまり自由を失うのです。もし自分の信念や行動に責任を持たなかったら、ほかの誰かまたは何かが責任を持つことになります。その場合も私たちは奴隷になります。何が大いに必要とされているかは明らかです。

自由になりたいと思うのであれば、**自分の信念と行動を意識し、責任を持たなければなりません。**

自由が責任の放棄を意味するわけではないのと同じように、努力が必要ないという意味でもありません。確かに、人は誰でも痛みや制約から解放されることを心から望んでいます。ですが、パーソナル・フリーダムの探究はもっと複雑です。

矛盾するように聞こえるかもしれませんが、人は自分の幅を広げ、成長し、有意義なことを行なうためなら、人生に不快な要素を加えることもいといません。利益のためには痛みも受け入れるのです。

より強くなる、あるいは速く走れるようになるために体を鍛えるのも、疲れていても愛する人の世話をするために早起きするのも、助けを必要とする人々のために貴重な時間を割くのも、より早く理想の状態を実現できるように、当面は理想的ではない状況に耐えるのも、すべてこのためです。

したがって、パーソナル・フリーダムは単に痛みから解放されることではなく、自由に生き、人生を心から楽しみ、人生の幅を広げることを意味します。

私たちを制限する悪いことから解放される自由ではなく、私たちを目覚めさせる良いことを経験するための自由とも言えるでしょう。

はるか昔、人間は動物の基本的衝動を超越しました。理性と判断力、知性を身につけることで、痛みを避け、快感を求めるという単純な身体的衝動を超えた選択ができるようになったのです。

私たちは目先の快楽よりも、意味のほうが重要であることを学びました。

人生の最も良い時期に自由や意味、愛を手に入れ、壁を乗り越えるために快楽を控え、痛みを受け入れることを望まないとしたら、あらゆる指導者や英雄、教師、生還者、リーダー、聖人、伝説的人物から何も学ばなかったということになります。

つまり、私たちは痛みから解放されることを望みつつも、人生の今の段階から解放され、次の段階へ進むためには意味のある努力や苦労が必要であることを知っているため、それらを歓迎するのです。

痛みは必要ですし、英雄的でもあります。また、困難を強いる必要はありませんが、時には偉大さを身につけるための通過儀礼と見なすべきだということもわかっています。

そのためパーソナル・フリーダムは啓発的で空想的な志であり、英雄的で詩的でありながら現実的でもあると言えます。パーソナル・フリーダムは壁を乗り越えるための人間の原動力なのです。

壁を乗り越えるというパーソナル・フリーダムは、人間の経験における究極の欲求であり究極の目標であることから、人間の最大のモチベーションだと言えるのです。

生きている間、私たちはより多くの選択の自由と繁栄を求めて努力します。そうすることで本当の自分を表現し、愛する人にもっと多くの機会を提供できるからです。

そして、最期が近づき、魂がついに自由な神の国へ旅立つとき、私たちを苦しめてきたあらゆるものから解放されるでしょう。それがすべてです。生きている間は自由を求め、死を迎えた瞬間に私たちはその広大な世界に放たれるのです。

◆目標達成までの行動をコントロールするには？

パーソナル・フリーダムを手に入れ、二度と手放さないようにするには、自分をコントロールする能力が身につくようにひたむきに努力しなければなりません。

自己意識と自分の道に合ったモチベーションを見極め、鍛錬するのです。このことを忘れなければ、自分の行動の理由を誤解することはなくなります。

もういき当たりばったりで行動したり、自分がなぜそれをしているのかわからずイライラしたりしないように、この真実を心の奥底に刻み込むため、ここで繰り返します。

人間のすべての決断、すべての行動は、パーソナル・フリーダムを手に入れたいという願いから生じています。

苦難や痛み、恐怖、不安、欠乏からの自由、抑圧からの自由、自分自身でいられる自由、今この瞬間の驚きや自然な感情の発露、生命力を感じる自由、人生の進む道を選ぶ自由、夢を追う自由、裁かれたり、条件をつけられたり、後悔したりせずに堂々と愛する自由、信じる大義のために時間とエネルギー、その他のリソースを費やす自由、未来の平和や情熱、繁栄を経験し、楽しむ自由を私たちは求めています。

あなたが行なう**あらゆる努力の最大の原動力は、自由になること**なのです。

パーソナル・フリーダムを求めているのだということを忘れずにいられれば、気を引き締めて目標を立て、自己を実現できます。

ですから、パーソナル・フリーダムが原動力であることを十分意識して、日々私たちの志を支え、行動の原動力となっているこの力をたたえましょう。

そして、もう一度耳の中で自由の鐘を鳴らすのです。今度はもっと大きな音で、もっと近くで、もっと自分のために。

そして、堂々と自己表現し、理想の人生を築くことに専念しましょう。自由になるためには、並々ならない努力が必要になることは明らかです。

服従をやめて、自分の夢を追うと不和が生じます。この世界で再び努力を重ねていくには、孤独な戦いを強いられ、何かを犠牲にすることもあれば、恐怖や不運に襲われることもあるでしょう。

私たちが持って生まれた本当の自分と夢の実現に専念すると、不快になったり、怒りを感じたりする人もいます。私たちに制約を課し行く手を阻もうとする人々の自尊心を傷つけ、感情を損ね、関係を断たれたり無理やり介入されたりもするでしょう。嫌がらせを受けたり、愚かな人々と仲違いしたり、有害な職場環境から離れたり、より高い基準を求めて他者と対立したりしなければならないかもしれません。

そう、これは決して楽なことではないのです。なので、これからどんなことが必要になるか、あらかじめ見ておきましょう。**まず、この作業を行なうには最終的に自分がどんな人間で、何を求めているか宣言する必要があります。**

それには、人生で自分たちが演じる重要な役割に対する関わり方や能力、責任感を一段上のレベルに高めなければなりません。

日々の生活を一変させ、自分の計画を再び自分でコントロールすることです。

私たちの偉大さを否定する、心の中の悪魔に打ち勝つ勇気が必要です。

安全地帯から抜け出し、思いのままに前進する意志が不可欠です。

喜びと、さらに高いレベルの感謝の気持ちを持つ練習をする必要があります。


苦難に直面しても信念を曲げてはなりません。

魂を高められるように、愛を解き放つ必要があります。


社会に貢献し、人々を導き、足跡を残せるような偉大な人物にならなければなりません。

一瞬一瞬の時間の広がりと自由を経験できるように、これまでとは違った感覚で時を感じる必要があります。

これらの人生における取り組み一つひとつについて、私たちは勇気を持って新しい宣言を行なわなければなりません。

パーソナル・フリーダム、つまり活気に満ちた有意義な本物の人生を目指して全力で進むこと。これを私たちの目標にしましょう。

この高尚で価値のある目標に、モチベーションをうまく一致させることです。

また、人生について新たに宣言を行ない、鍛錬しましょう。

そして、「自由の鐘を鳴らし、心の中のあらゆるすき間」、あなたが選ぶ「すべての考えや行動」、「影響をもたらすあらゆる関係」、「最高の自分や最高の貢献を実現するための長きにわたる努力と進歩」、「自由になった魂から生まれる希望に満ちたすべての夢」を通して、自由の価値を浸透させるのです。

2. 恐怖を消し去る

2. On Fear

「勇敢な人は自由である」セネカ（ローマ帝国の政治家、哲学者、詩人）

恐怖心は自由を奪います。偉大な人間になるのを阻むのは恐怖心なのです。そのことを私たちは知っていますし、恐怖に打ち勝つには心をうまくなだめるべきだということもわかっています。

ですが、恐怖のあまり、まるで無力な子どものようにふるまい、望み通りの人生を歩むことをためらっている人がいます。

社会的に抑圧された人々はこう言います。

「おわかりいただけないと思いますが、いつも周りの人に止められるんです。非難されたり、拒絶されたりするのが怖くて、夢を追うことなどできません」

そして、自分自身から抑圧されている人々はこう言います。

「あなたにはわかりませんよ。失敗するかもしれないので、夢を追うことなどできません。そもそも実力が足りないかもしれないですし」

恐怖心を持つ人々は、こう考えることで気弱になっていきます。生き生きとした人生を送りたければ、こうした子どもっぽさを克服し、恐怖心と対峙《たいじ》することです。

そして、恐怖心は心理的なものであり、**自分の偉大さを否定するような臆病な考えで恐怖心をあおるのは、ほかでもない私たち自身である**ことを認識しましょう。

凶暴な動物や人間に追いかけられたり、高いところから落ちそうになったり、目前に身体的危険が迫っている場合を除けば、恐怖心が生じるのは心をうまく管理できていないからに過ぎません。

それに気づくことで、今この瞬間の体験や心の状態を意識できる、マインドフルな人間になれます。

最近は人々を安心させるため、さまざまなカウンセラーや資格を持った専門家がこぞって恐怖心は人生にプラスになる心理なのだと思い込ませようとしていますが、彼らの多くは実際に人生を変えたことなどありません。

こうした人々は、「恐怖心を持つのは自然なことです」「恐怖心が多少あったほうが、モチベーションが高まり、もっと努力するようになります」「恐怖心が人格を形成するのです」などと言いますが、ほとんどの場合、彼らは間違っています。

恐怖心は人間から光を奪います。痛みや危険、苦悩から逃れる賢明な選択を行なうために必要な本能なのかもしれませんが、気をつけなければいけません。恐怖心のおかげで助かることよりも、恐怖心が人生に有害な影響を与えることのほうが多いからです。

恐怖心を肯定する人は賢者ではなく、恐怖心を言い訳にしているに過ぎません。人間の意識について、専門的な知識を持っているわけでもありません。恐怖を味方のように見せかけるのはオオカミを無理やり飼い慣らそうとするようなもので、遠からず自分のペットに食い殺されることになるでしょう。

恐怖心を克服すると宣言することは、自由を獲得するための最初の大きな一歩です。活力も成長も運命も、まずは恐怖心に打ち勝たなければ手に入りません。多くのことが恐怖心に左右されるため、まずは実際のところ恐怖心とは一体なんなのか理解を深めましょう。

恐怖心は嫌悪の衝動であり、私たちがさらに高い目標を掲げる助けにはなりません。成功を想像する役にも立ちません。

恐怖心の唯一の目標は、脅威や緊張、痛みからすぐに解放されることです。恐怖心は、あらゆる状況をコントロールして、もう安全で攻撃される心配はないと体で実感できるようにするうえで不可欠な手段であることもしばしばですが、ほとんどの場合、安全を実感するのは自我です。

人間に恐怖心が備わっているのは、身体的な痛みを感じたり、命を落としたりするのを回避するためであり、それ以上でもそれ以下でもありません。

恐怖心を、自我を守るための道具に変えたのは、私たち自身なのです。今日私たちが経験する恐怖心のほとんどは、身体的脅威とは全く関係ありません。安全を求める衝動を、精神的心地良さを求める自我の欲求にすり替えてしまったからです。

また、本来は短期的な衝動であったはずの恐怖心が、長期的に困難な状況を避け、基本的な承認欲求を満たすための道具につくり変えられました。

恐怖心は精神的弱さを支える松葉杖となったのです。どの松葉杖にも言えるように、私たちは体力を取り戻さない限り、松葉杖がなければ歩けなくなるでしょう。

ほとんどの人は、恐怖心について語ろうとしません。本物の危険から逃げるよりも、自分自身から逃げることのほうが多いという、情けない事実が明るみに出るのを避けられないからです。現代の人々が不安を抱くのは、この原始的衝動を正しく使っていないからです。

現在、私たちが経験する恐怖は、その結果として生じる臆病な考えや行動も含めて、ほとんどが精神的衝動の歯止めがきかず、うまく心を調整できないことによって生じた想像上の社会的ドラマに過ぎません。

私たちは拒絶されたり、孤立したり、見捨てられたりするのを恐れているのであって、食い殺されることを恐れているわけではないのです。こうした社会的恐怖心は、意識的に訓練することで克服できます。

「人前で話すのが怖い」という人は、観客が襲いかかってくることを恐れているわけではありません。失敗するのが怖いのです。

彼らが恐れているのは現実に安全が脅かされることではなく、精神的心地良さが脅かされること。彼らの言葉をもっと正確に言い換えるとこうなります。

「自分がどんな感情を持つか、自分自身の期待やステージに立たせてくれた人々の期待に応えられるか心配なのです。

それに自分がどう見られるかも気になります。うまくできないのではないかという不安もあります。自分の地位を失い、失敗に終わるかもしれません。尊敬されなくなるのではないかと不安なのです」

これらのコメントに注目してください。「**恐怖心が私に何かをさせる**」のではなく「**私が心配をしている**」のであって、**主体となるのは「私」**です。自我に支配されていると言ってもいいでしょう。

誰もが自分を自由に表現しようと必死で努力するのは当然ですし、みなベストを尽くしたいと思っています。世界という舞台で、いつも自分自身でいられる力を心から求めているのです。

大きな課題は、意識していないと、自制心を身につけたいという欲求やほかの人々の役に立ちたいという欲求よりも、恐怖心が勝り、切迫感を帯びた恐怖心の訴えにばかり気を取られてしまうということです。

恐怖心は、最高の自分まで登り詰め、できる限り大きな成果をあげたいという高貴な動機よりも早く作用します。天使の歌声よりも犬のほえる声に敏感に反応するのと同じです。では、私たちはどうすればいいのでしょうか。

◆本当は〝感じなくていい恐怖〟のせいで行動を誤ってしまう

恐怖心を抑えるには、まず恐怖心が私たちの人生にもたらす深刻な影響について知る必要があります。

恐怖心が原動力となると、どんなことが起こるでしょう。

私たちは、**自分の心の軸と人格を失います。**

頭が疲れきって不安でいっぱいになるのです。意識的な思考や知性、行動は、すべて自分の身を守ることに集中してしまい、心を開き、鍛える能力が制限されます。本当の自分を表現しようとする自然な傾向は身をひそめ、夢をかなえる力もなくしてしまうでしょう。

人生において常に恐怖心が存在することを許すと、志も生きる姿勢も縮こまり、束縛されてしまいます。気が小さくなってストレスに苦しみ、内にこもってしまうこともあるでしょう。そして、臆病になります。人生のエネルギーが衰え、恐怖という檻にとらわれたものはすべて窒息し、間もなく死に絶えてしまうのです。

哲学を論じているわけではありません。恐怖心がパーソナル・フリーダムを求める衝動を遮るのを許すと、実際に目に見えるかたちで悪影響を受けることになるのです。

恐怖心の奴隷になった人々は、いつも無力感や劣等感にさいなまれ、なんでもすぐにあきらめるようになってしまいます。自己主張しないため、他人に傷つけられるがままです。黙って無難な生き方をし、決して世間に本当の姿を見せようとはしません。地球の明日を担う立場にありながら、意気地がなく、決してその権利を主張することはありませんし、非道な行為が続いていても、むっつりと黙って見て見ぬふりをします。

多くの人々は歴史の片隅にたたずみ、足跡を残しません。恐怖心のあまり変化や革新をためらい、職を失う人もいます。妻か夫あるいは2人ともが、心を開いて意思を伝え合うことや弱さをさらけ出すこと、性的な魅力を発揮すること、率直になることを恐れ、結婚生活が破綻《はたん》することもあります。

社会的レベルにおいて、**人類が行なってきた最悪の残虐行為はすべて恐怖心から生じたもの**でした。恐怖心にとらわれた人々は、おびえ、他人を信用せず、しばしば憎しみを抱くようになります。

彼らは恐怖心から傲慢《ごうまん》な自己防衛を行ない、他者を支配下に置きたいと思うようになります。そこへ自分たちとは異なる人々が台頭してくると、彼らの自我は激しく攻撃され、頑なな独裁者となり、時には恐怖心に歯止めがきかなくなって、言葉にするのもはばかられるような人道に反する行為に走り、大量虐殺に至ることもあります。

権力を持った人々は身の危険を感じ、すべての人々を良い方向へ導くためではなく、自分たちとは異なる人々や自分たちには理解できない人々、価値を見いだせない人々を蹴落として、安心感と快感を得るために権力を使うのです。

日常生活でも、世界の舞台でも、恐怖心が進歩とパーソナル・フリーダムを奪う強敵であることは間違いありません。歴史上、恐怖心に人生を委ねた人々が数多く存在するのは、残念ながら事実です。

彼らは心を入れ替えるきっかけに恵まれず、恐怖心を抑える努力をする、あるいは安易に人生から逃げるのではなく意識を持って生きるという選択もしませんでした。

◆――行動の源が「嫌悪感」か「向上心」かで結果が大きく変わる

恐怖心に支配されるのは、あなた自身がそれを許したときだけです。ほとんどすべてのケースで、恐怖心のスイッチを入れるか入れないか、自分で選択することができます。

直感が最大音量で警報を鳴らしていたとしても、逃げるか踏みとどまるか決断するのは私たち自身です。そうでなければ、消防士は炎の中に飛び込んで人々を助け出すことなどできないでしょう。船長が乗客や乗務員に救命ボートを譲ることもないはずです。

不安を抱きつつも、世界に意見を発信できる人もいます。恐怖心ではなく勇気を選択することもできると言われても実感はわかないかもしれませんが、誰でもその気になれば、いずれ自分の衝動をコントロールできるようになるのです。

思考をうまく調整できれば、衝動を自分でコントロールできます。そして、人生においてどんな感情を持ち、どんな反応をするかは、すべて自分の責任です。このことを受け入れられれば、心理的に大きな成長を遂げられます。

人生において恐怖心が勝ち続けるとしたら、それは単に私たちが強く、勇敢にあるいは偉大になろうとする衝動よりも、恐怖心を優先しているからです。

この事実を受け入れるのは難しいかもしれませんが、事実であることに変わりはありません。

子育てしながら外で働きたいと思いつつも、自分の価値が否定されるのを恐れるあまり求人に応募できずにいる専業主婦しかり、能力に見合った昇給を望んでいながら、断られるのを恐れるあまり言い出せないでいる会社員しかり、ミュージカルに挑戦したいという衝動に駆られつつも、友人がなんと思うか恐れて尻込みしている若者しかり、健康や命が危険にさらされていることを理解しつつも、恥ずかしくてジムに通えない肥満の人しかりです。

ほとんどの大人はあらゆる状況で、恐怖心を優先することを選んでいるという自覚があります。

「自分らしくふるまうのをやめたとき、あるいはやりたいことに向かって努力するのをやめたとき、別の選択肢もあることに気づいていましたか？」と正直な人に聞いてみてください。きっとこんな答えが返ってくることでしょう。

「ええ、自己主張することも、もっと勇気を出すこともできたと思います。でも、怖かったんです。誰かに批判されたり、傷つけられたりしたくありませんでした。だから、楽な道を選んだのです」

ここでもう一度はっきり確認しておきましょう。自由になれず、本当の人格をすべてさらけ出し、心から望むものを追求できないのは、向上心ではなく嫌悪感から行動しているからです。したがって、人生における大きな戦いは、自由を求める欲求と、欲求を打ち負かす恐怖の衝動との戦いと言えるでしょう。

両者は全く正反対です。どんなときも、私たちは恐怖心あるいは自由を求める気持ちから行動しています。

これは大きな賭けであり、個人として社会として自分たちがどれだけ成熟できるか、どれだけ成長できるかは、私たちのやる気にかかっています。恐怖心か自由のどちらかが勝つのです。この言葉を心に留め、理想とする人生を実現しましょう。

恐怖心が勝つか、自由が勝つか、2つにひとつなのです。

そこで、自分にこう問いかけてみましょう。

「私は嫌悪感に従って人生を送るのだろうか？

それとも向上心に従って人生を送るのだろうか？」

前者は恐怖心が原動力となった人生であり、一時的な安心感や自己防衛、利己的な気楽さを求めて苦難に背を向ける、縮こまった生き方です。

一方、後者は自由が原動力となった人生であり、そのため長期的に成長し、本当の自分を表現し、見識を持って努力できるように、真の人間性に基づいて行動できます。

前者を選択すると力を失い、束縛され、服従し、苦痛を感じながら生きることになりますが、後者を選択すれば力がつき、自主的に行動し、独立し、満足しながら生きることができます。また、前者は私たちに弱々しい感傷的な衝動をもたらし、後者は私たちに意識を最大限に働かせ、勇気と自制心を身につけることに専念するよう求めます。

◆――自分で自分を過去の呪縛《じゅばく》から解き放つ技

自由よりも、恐怖心に突き動かされやすい人がいるのはなぜでしょう。

その理由はただひとつ。過去に周りの人から恐怖心を植えつけられてしまったか、精神的能力をうまく使えないために恐怖を感じるように条件付けされてしまったからです。

常にほかの人よりも恐怖心を抱きやすくなるような、遺伝的呪いや性格特性があるわけではありません。生まれつき不安になりやすい傾向があっても、実際に不安になるかどうかは心の状態をコントロールできるかにかかっています。

私たちは過去の奴隷ではありません。意識的に考え、規律ある習慣を身につければ、自由になれるのです。

そこで、まずは恐怖が社会的にどう条件付けられるかを理解するところから始めましょう。人は往々にして過去の他者との交流によって、恐怖心を抱くようになります。批判的な両親や、いじわるな仲間、心の狭い教師や上司によって型に押し込まれ、臆病で弱々しく、怖がりになってしまうのです。

彼らは周りの人々から常に注意を促されたり、傷つけられたりしていたために、恐怖の衝動に反応する習慣がついています。あまりにも頻繁に衝動が起こるので、それに慣れてしまったのです。恐ろしい過去のせいで、現在の彼らは恐怖心に突き動かされるようになってしまいました。

これは過去を批判しているわけでも、恐怖心を抱くことについて言い訳をしているわけでもありません。大人にとって恐怖心を選択するということは、恐怖心をコントロールする、あるいは克服するという選択肢を放棄することでもあります。

多くの人はすでに恐怖の衝動を持っているため、それを止めるのは並大抵のことではありません。彼らの心を支配する思考と心の声が、かつて彼らの**面目をつぶした批評家や保護者の見当違いな厳しい意見を再生する**からです。

幸いなことに、この条件付けは自分で変えることができます。そして、それを行なうのは自分なのだということに気づけば、過去を変えることはできなくても、新しい視点で過去を見ることはできることがわかるでしょう。

自分で自分を過去の呪縛から解き放つのです。昨日ほかの人々から受けた扱いを変えることはできません。ですから、過去を変えるのではなく、現在、恐怖心をかき立てる相手を自分がどのように扱っているかを理解するよう努力しましょう。

人生を前に進めるべく懸命に努力すれば、自分が人生をどう感じ、どう解釈し、どう導くか選択することで、自分の恐怖心を理解し、自由のスイッチを入れられる瞬間が必ず訪れます。

昨日あなたに恐怖心を植えつけようとした人々と同類の人々に、今日または明日再び出会うかもしれません。それを想定しておくことも人生をマスターするうえで必要です。これを知っていれば、他人に自由をむしばまれないよう警戒できます。

こうした人々は、心配性の人、意志が弱く怠惰な人、あるいは稀《まれ》なケースですが、いじわるで不道徳な人に分類されます。

◆――あなたを守るようでいて守らない人がいる

身近にいる心配性の人々が、恐怖心に火をつける最大の脅威であることも少なくありません。

彼らは一見友人のように見えるため、**最も私たちのモチベーションを奪い、運命を台無しにしがち**です。とても親しい関係にあるため、彼らの不安が私たちにまで流れ込んできてしまうこともあるでしょう。

そこで、彼らに対する反応をうまくコントロールする方法を学ぶ必要があります。心配性の人々のほとんどは不親切ではありません。あなたの人生に恐怖心を押しつけていることも、絶え間なく疑いの言葉を聞かせてあなたの可能性をつぶしていることにも全く気づいていないのです。

彼らは無難に生きるように説得することが、マイナスに作用するということを理解していません。

たとえば、自分の子どもが子どもなら誰でもするような普通の活動をするたびに「気をつけてね」と言う愛情豊かな母親、失敗する理由をいくつも並べ立て、世界を変えられる可能性については一言も触れない同僚、常に別れが訪れるのを恐れ、喧嘩をしたり、リスクを冒したりしないように懇願《こんがん》してくる恋人などがいい例でしょう。

こうした人々は、自分たちは思慮深く愛情にあふれ、相手を守っていると思い込んでいます。彼らの警告はほとんどの場合、愛情から生まれたものです。

彼らは私たちの幸せを望んでいます。そして、あなたが傷つかないように守る義務があると思っています。そのため自分たちにも確信の持てる月並みな道へ、あなたを導こうとするのです。

両親や友人が心配性ということもあるでしょうし、仲間や恋人、隣人、リーダーがこのタイプに当てはまることもあるでしょう。

厄介なことにこれが社会的現実です。あなたは露骨に反対してくる人々からだけでなく、あなたを気づかってくれる人々からも、制約を課されないように自己防衛しなければなりません。

では、どうすればいいでしょうか。

まずは、**疑いや懸念、不安を訴えられたら、注意深く耳を傾ける方法を学ぶこと**です。

そして、自分たちの決断に他者の恐怖心が入り込まないようにしましょう。

意識ができる人にとって、この種の能力を身につけるのは難しいことではありません。

心配性の人のほとんどは、同じ言葉や同じ論法を使うからです。

彼らは、私たちを「守る」ための盾として注意深い理性を好みます。彼らの淡々とした口調や言いまわしは、どれも同じに聞こえます。

「傷つくことになるかもしれないから、注意しなさい」

「何が起こるかわからないから、用心してね」

「クビになるかもしれないし、忘れられるかもしれないし、否定されたり、嫌われたり、拒絶されたり、軽蔑されたり、非難されたりするかもしれないから、気をつけなさい」

「本当にそれがしたいの?」

「あなたはそんなもの気に入らないと思うわ」

「そういうのはお前らしくないだろう」

「君にはそんなことできないよ」

「それはお前に向いていないんじゃないかな」

こうした言葉をどこかで聞いたことはありませんか。

自己主張したり、羽目を外したり、情熱的に何かを追いかけたり、未知の世界へ飛び出したりするべきではないと、とくとくと議論を展開する人を誰でもひとりや2人は知っているでしょう。

こうした人々は、私たちの人生において、落ち着いていて説得力のある人物という位置付けです。

リスクを冒したり、変化を起こそうとしたり、創造的になったり、積極的な生き方をしたり、勇敢になったりしたら、なぜ傷ついたり、恥ずかしい思いをしたり、消耗しきってしまったりするのか、はっきり説明します。

彼らは決して冷たい人々ではありません。自分の義務を果たしていると思い込んでいるのです。彼らは優しく、賢明で、細心の注意を払ってあなたを守ってくれているように見えます。

でも注意しましょう。一見善意を持った友人と思える人々が、夢を妨害するかもしれません。愛する人々の抱える不安で息が詰まり、飛躍できなかった人が一体何人いるでしょうか。

油断は禁物です。常に心配性の人々のそばにいると、遠からず本当の自分や潜在能力を存分に発揮できなくなります。では、図らずもあなたの視野を狭め、努力の邪魔をする親切な家族や友人にはどう対処したらいいでしょう。

彼らはあなたに何よりもまずリスクやデメリットについて考えるように説くことで、実は悪影響を与えていることに気づいていません。ですから、彼らの懸念は寛大に解釈すべきです。

「誰の話を聞いて誰の話を聞かないべきか」しっかりと線引きする

心配性の人々に対して悪い感情を持つべきではありません。彼らは向上心よりも嫌悪感を優先する考え方の枠組み、マインドセットにとらわれているかもしれないので、忍耐強く接し、相手を理解するようにしましょう。

彼らがどうしても恐怖心に支配されてしまうということであれば、それはそれで仕方ありません。あなたまで巻き込まれないようにすることです。

あなたにできるのは信頼する人たちの話によく耳を傾けつつ、実際にどれほどの危険があるのか慎重に推測することだけです。

一方、あなたが知らない人やあなたのことを知らない人、あなたがどんな人間で、どれだけ遠くまで人生を歩んでいけるかということについて、自分たちの考えを押しつけようとする人々に心を開いてはいけません。

彼らが狭い考えに凝り固まっていることは許容しつつ、その先の広大な地平に目を向けましょう。

どんな失敗をするかを心配してはいけません。常に本当の自分を表現し、真の情熱を追いかけていると人生に素晴らしいことが起こるかに思いをめぐらせるのです。

恐怖心にとらわれるのではなく、自由になることに没頭しましょう。そのためには、はっきりと一線を画す必要があります。

人生において、心配性の人々に一切妥協してはいけません。

偉大な人々はみな、こう固く決意しました。相手がどれほど親切な人であっても、恐怖心を植えつけてくる人々について延々と考え続けてはいけません。モチベーションと自信を奪われるからです。

夢がはっきり定まり、やる気がみなぎってきたら、家族や友人に心配されようと、たとえ悲しみや犠牲をもたらすとしても、思いきって前に踏み出しましょう。あなたの原動力が他者の不安に打ち負かされたら、抑圧に屈することになります。

◆弱い愚か者ほど〝あなたを小さな存在〟にしようとする

次に想定しなければならないのは、意志が弱く怠惰な人々です。彼らは優れた成果をあげるために欠かせない努力や苦労を否定します。

「なまけ者に耳を貸してはいけません。あなたの魂に恐怖心と無気力を吹き込むに違いないからです」

この言葉は一見単純すぎるように思えるかもしれませんが、実はとても効果があります。意志の弱い人々の話に耳を貸さないようにするには、真のパーソナル・パワーが必要です。

聞き上手で、相手によく共感する人ならなおさらでしょう。相手の意見や状況を尊重したいと思うからです。

よく知っていて、親しくしている人に対しては、洞察力を働かせる必要があります。相手からどのようなエネルギーを吸収しているかを注意しながら、愛情を持って話を聞くこともできるのです。

一方、よく知らない相手に対しては守りを固めるべきです。グルメな人や、食事をしたりお茶を飲んだり、うわさ話をしたり、味気ないニュースを見たりしながら、だらだらと午後の時間を過ごしている人々の誘惑に負けそうになることもあるでしょう。

こういう人々はゆったりとした生活を送っているように見えるかもしれませんが、単に志を持っていないだけです。

彼らの休日のようなペースに惑わされないようにしましょう。くつろいでいるのではなく、気力がないだけかもしれません。人生を前進させる努力に対して、彼らから恐怖心を植えつけられないように注意しましょう。

「気楽にいきましょうよ。どうしてそんなに働くのですか？　あなたが何かしたところで後には何も残りませんし、なんの意味もなければ、何も変わらないというのに」と彼らは言います。

こうした人々は、沿道から笑顔で手を振りながら、意気揚々と旅路を進むあなたを見守りつつ、「努力なんて時間のムダだよ」とほかの人々に耳打ちしているようなものです。

彼らはガードマン気取りで行く手に苦難が待ち受けていると警告しながら、ほくそ笑んでいるのです。

こうした怠惰な人々のそばに行くと、あなたが犠牲を払っていることを冗談交じりに笑ったり、努力をバカにしたり、悪戦苦闘している仲間を批判したりする声が耳に入ってきます。**遠くで人を非難し、通りすがりの努力家たちをなじり、自分には価値がないと思わせ、恐怖心を植えつけようとする、うるさい愚か者には注意しましょう。**

では、彼らは一体どのような人々なのでしょう。

彼らは楽な生き方を信奉していて、一生懸命働いた後の充実感を得ることはめったにありません。目的を持たずに生きていて、全力を尽くさなければならないような本物の道や目標、より高い欲求を追い求めたこともありません。自己満足をやめる勇気も見いだせないのでしょう。

世界に少しも真の貢献をしたことのない、軽薄な皮肉屋なのです。現実逃避主義者で、課題に直面しそうになったら一目散に逃げ出します。そして、自分たちよりも勇敢な人をバカにします。

運命論者で、人類の運勢は上昇しているのではなく、下降していると信じています。すぐに物事をあきらめる惨めな人々で、遠い昔に力を放棄しています。そうすれば、努力して素晴らしい人生を送る責任から逃れられると思っているからです。

このような周りをうろうろする傍観者を、友人と見なすべきではありません。彼らは弱さ以外に何ももたらしません。彼らが気楽な生き方を勧めるのは、怠惰な生活に誘い込もうとしているからです。彼らの気楽さはあなたが求めているものとは違います。

全く苦労のない人生のどこがいいのでしょう？

何が学べると思いますか？

苦労せずにどうやって成長できるのでしょうか？

本物の努力、本物の汗、本物の苦労、そして、本物の憤りなくして、何を達成できるのでしょうか？

無気力で志を持たず、弱すぎて戦うことも挑戦することも耐えることもできない人々とは、注意して接するべきです。彼らは自由を放棄しました。最高の自分や有意義な目標を実現するつもりもありません。ですから、**なんの参考にもならない**のです。

とても皮肉なことに、人類はしばしばひねくれ者や愚か者など、最も弱いタイプの人々に流されてしまいます。

ですが、弱い愚か者を相手に時間をムダにしてはいけません。人類の最下層には、ソファーに寝転がって批判ばかりする人々や、関心もないのにアドバイスをする人々がうようよしていることを理解しておく必要があります。

彼らは安全な止まり木から高みの見物をしているだけです。にもかかわらず、その偏狭な心に浮かんだ思いつきや面白みのない議論にも、実際に戦い、実社会の経験で研ぎ澄まされた頭脳を持ち、行動によって伝説を残してきた人々が苦労して得た知恵と同じくらいの重みがあると信じているのです。

あなたを抑圧しようとする皮肉屋や批判的で横暴な人のほとんどは、欲求不満を抱えた、取るに足らない人物で、あなたのことを努力家気取り、あるいは大した実績のない偽者と決めつけ、自分の無気力さや失敗はまだマシだと思おうとしていることを覚えておきましょう。

こういう人々は**自分の小ささを感じないようにするために、あなたを小さく見せようとします。**

コンピューターや有力な地位の陰に隠れ、根拠のない意見を述べて、気を紛らわしているのです。自分の貢献について尋ねられると、たいてい口をつぐむか一貫性のない無意味な批判を展開して相手に食ってかかります。

失敗を指摘することでしか達成感が得られず、あなたを卑下しなければ自分を高められないのは、彼らの悲しい運命と言えるでしょう。

彼らはあなたを攻撃することで、心の狭い人にとって一番簡単なのは偉大な人々の価値を下げることだという悲しい事実を証明しているのです。無知に甘んじている人々は、すべてのよそ者を疑います。

無気力で、重要なことのためにも努力できない人々は、あなたに無関心を植えつけ、たくさんの独立した人々を成功へと続く道からそらそうとするので注意が必要です。

自分の道から離れないようにしましょう。苦労の多い人生を選び、自分たちの戦いと貢献に誇りを持ち、名誉を見いだすのです。

大きな夢や絶え間ない努力は疲れと不安をもたらしますが、恐れてはいけません。苦労していても、心は喜びで満たすようにしましょう。

苦労が有意義な目標へと導いてくれるのです。傍観者や目標を持たない人、退屈している人、不満を言う人は謙虚にやり過ごしましょう。彼らはあなたの気を散らし、ムダな意見を言うだけで、何も与えてはくれません。

居心地の良さではなく、より高い目標を、凡庸さではなく、より高尚な使命を優先するのです。自分の義務を全うし、構想に着手し、戦いに臨み、本物の勝利を祝いましょう。そのために力強く、情熱を持って前進するのです。

◆――対策を打つ！

潜在能力を発揮する人には、冷酷な人が近づいてくる現実がある

意志の弱い人に注意が必要なように、人間模様を織りなすタペストリーには、いじわるで権力欲が強く、人をだますことをなんとも思わない人々という糸が混ざっていることにも注意しましょう。冷酷な人々と出会わないように人生を歩むことはできません。

社会に出て、人々を導き、自己主張し、潜在能力を最大限に生かし、世界を変えるモチベーションを持てば持つほど、冷酷な人々が寄ってきます。そして、あなたが名を成せば名を成すほど、多くの冷酷な人々が姿を現すのです。

これは被害妄想ではありません。世の中には意地の悪い人がいるのは事実です。とはいえ、そんなことは恐れるに足りません。この事実を認め、あらかじめ対策を打てばいいのです。

ビジネスパーソンなら、ライバルにつぶされそうになってもショックを受けてはいけません。重役就任後初の会議で、自分が女性であるというだけで反対に遭っても、一瞬たりとも驚きの表情を見せるべきではありません。

他人が嘘をついてあなたの評判に傷をつけようとしても、これはよくあることだと認め

ましょう。あなたがこの世界で重要なことをしようとしているからこそ、彼らは攻撃してくるのです。

世の中には礼儀知らずで、無知で、冷酷な人々もいることを意識していれば、彼らが暗闇から現れてあなたの光を奪おうとしたとき、自分の反応をコントロールできます。

安易さと同調を求める病んだ社会は、パーソナル・フリーダムを果敢に追求する人々が登場するたびに動揺します。

本当の自分を表現し、夢に向かって進むとき、理解しがたい果てしない抵抗に遭います。**人生はゼロサムゲームだと思って生きている人々は、誰かが成功したら自分は成功できないと思い込んでいる**ため、嫉妬心から攻撃してくるかもしれません。または、二枚舌を使って優しくあなたを元の囲いの中に戻そうとすることもあるでしょう。

味方から、あなたはまだ準備ができていないのではないかと疑われたり、世界は敵ばかりだと警告されたりすることもあります。そして、あなたよりも先を行く人々が自分の地位を失うことを恐れて、ひねくれた批判を浴びせかけ、あなたが前に進めないように壁を築くかもしれません。

こうした反応も覚悟して、横暴な人々から人生に対する恐怖心を植えつけられないように気をつけましょう。

たとえば他者を公然と抑圧する権力を求めて戦う軽蔑的で偏った考えの持ち主や、体格にものを言わせて他人を威圧し、上に立とうとする乱暴者、同僚を蹴落とそうとする欲の深い嘘つき、虐待をする恋人、悪意に満ちたうわさ好きの隣人、人を見下して威張り散らす人、甘い言葉で人をだます詐欺師が相手の場合、とりわけ慎重に対応する必要があります。

こうしたごく一部の人々のせいで、そのほか大多数の人々の善意まで疑うようになってはいけませんが、彼らの存在を否定するのは賢明ではありません。

この種の極端に横暴な人々は、巨大に膨れあがった自我を守らなければなりません。彼らはうぬぼれが強く、被害妄想や怒りを抱えていることもあるでしょう。

彼らの共通点は、成功を目指す人々を常に探していることです。そして、そういう人々をつぶしにかかります。**あなたの意欲やエネルギーを奪い、自尊心を高めたいのです。**意識的であれ、無意識であれ、彼らはあなたの前進は自分たちの権力に対する脅威であり、自分たちの弱さの表れと見なします。あなたを押さえ込めれば、自分たちの凡庸さを忘れられるからです。

こうした横暴な人々が、貧しい国々を支配していることも少なくありません。彼らは恐怖心にとらわれながら利権を守り、国民を奴隷のように扱い、反対意見の人を追放します。

また、商業的成功へと続く道の途中でも、こうした人々と出くわすことがあります。

彼らは目下の人々を威嚇し、厳しい批判やうわさを巧みに操り、実力のある人々の進歩を否定します。頼りにしている家族から執拗《しつよう》に攻撃されることも少なくありません。

こうした人々からなじられ、脅され、恐怖を与えられることによって、私たちは安全が脅かされ、身に危険が及ぶのではないか、繁栄できないのではないかと不安を抱き、彼らの要求に従ってしまうのです。

彼らが他者を傷つけるさまざまな手法の中でも最もたちが悪いのは、過小評価されてしまうことです。

「あなたは役立たずで、愚かで、適性もなければ技術もない」と彼らは言います。

彼らはこうした厳しい言動で、私たちはどんな人間で、どの分類に属しているかという彼らの考えに、私たちをはめ込もうとします。その結果、私たちは恐怖心を持ち、実力に自信がなくなり、負けてしまうのではないかと思うようになります。

そして、**恐ろしいことに、間もなくこの予言を自ら現実にしてしまう**のです。

私たちは彼らに言われた通り、自分は小さい人間だと思うようになり、自由を求めて思うままに歩き回る代わりに、彼らの悲観的な思い込みの境界線の中にとどまることを選んでしまいます。

あなたの自発的な取り組みを誰かがバカにしたり、否定したりしても、動じるべきではありません。

自分の決意を曲げて、彼らを勝たせたりしないようにしましょう。いじわるで不道徳な人々があなたの疑念をかき立て、恐怖心に火をつけて、あなたの夢を台無しにするのを許してはなりません。

こういう横暴な人にはなんの義理もないのです。

真に抑圧的な人々は、自分の利益以外目に入らないため、彼らとの関係が喜びをもたらすことはありませんし、見返りが得られることもありません。

彼らは自我のせいで何も見えなくなり、自分だけの世界で孤独に暮らしています。彼らをなだめようとしてもムダです。彼らが変わることも、期待できません。

彼らに関わったり、つき合ったりしないことです。彼らの挑発に乗って、怒りを抱かないようにしましょう。

彼らのレベルまで落ちてはいけません。前進を阻む横暴な人たちの行為を許すべきではありません。彼らにあなたの可能性を左右されないようにしましょう。

必死になっている人や気弱になっている人が、つい降伏したり、服従したり、従順さや妥協を見せたりすると、ひねくれた彼らはそれを喜び、力を増します。

尻込みしたり、自分をなるべく小さく見せようとしたりするたびに、私たちはより恐怖を感じ、弱くなります。

ですから、こうした人々は避けて、道を見失わないようにしましょう。彼らに罰が当たるように祈ったりしてはいけません。エネルギーのムダづかいだからです。

いじわるな人々はいずれ報いを受けて身を滅ぼします。あなたの成功は、彼らが身を滅ぼすかどうかではなく、あなた自身が前進するかどうかにかかっています。

そして、成功を実感するのは、あなたに追い越されて驚く彼らの顔を見たときではなく、彼らに邪魔されつつも勝利を収めて心に喜びを抱いたときなのです。

◆―喪失と困難に伴う痛みは〝発想の転換〟で消えていく

人生で出会う人々の中には、あなたの疑念や恐怖心をかき立てる人も少なくありませんが、**ほとんどの人はあなたを助けてくれようとします。**引き上げてくれようとする人のほうが、足を引っ張る人よりも多いのです。

あなたが誰にも邪魔されずに夢を追うことを許すことで、ひそかに彼らも自分自身に夢を追う許可を与えているのです。

一生のうちに何人暇をもてあましたろくでなしと出会おうとも、友人はどこにでもいることを忘れてはいけません。また、彼らの助けや刺激、知恵を求めることをためらう必要はありません。

恐怖心は社会的なきっかけや条件によって生じることもありますが、多くの場合は自分が心を放棄した結果として生じます。これは人生における揺るぎない真実です。

私たちは精神的機能をほとんど使わないために、この機能を正しく使えなくなっているのです。

恐怖心を消す手段はあるのですが、それを使う練習ができていません。手元に消火器があるにもかかわらず、どうやって狙いを定めていいかわからないために、目の前で自宅が燃えるのを手をこまねいて見ているようなものです。

心配事があるのに意識的にそれを解消せずに、燃えるがまま放置していることがどれだけあるでしょう。ネガティブなことで頭がいっぱいになって不安が募り、大火災のようになることもしばしばです。

多くの人々にとって、こうした事態は歯止めがきかず、頻繁に起こり、長期間続くため、恐怖心を生み出す原因は予想可能な思考パターンであることにもはや気づきません。こうした思考パターンは、すべて事前に予想し、コントロールし、変えることができるというのに。

彼らは自分で破裂させてしまった風船を握りしめた惨めな子どものように、いつもおびえていて、自分の力ではどうにもならないと思い込んでいます。

　私たちの心がどのように恐怖心を育てるのか今学び、決して忘れないようにしましょう。心配性の人々や意志が弱く怠惰な人々、いじわるで不道徳な人々によって、進むべき道を見失わないよう注意するのと同じように、自分たちの心が喜びや進歩から離れてしまわないように気をつけることもできるのです。

　人生で私たちが感じる恐怖のほとんどは、変化が2種類の痛みをもたらすと予想することによって生じた不安に過ぎません。

　その2種類の痛みとは、**喪失に伴う痛み**と**困難に伴う痛み**です。

　1種類目の喪失の痛みは、**なんらかの行動を起こすと、大事にしているものを失うと危惧する思考パターンから生じます。**

　たとえば、転職を恐れている場合、それは収入を失いたくないからかもしれませんし、一部の同僚との友人関係に水を差したくないから、あるいは自分の役員室に愛着があるからかもしれません。

　この思考パターンは、人々が一生の間に行なう何百万もの細かい決断に影響します。「新しいダイエットを試したら、好きなものを食べる楽しみがなくなりそうで怖い」「禁煙したら、外に出てゆっくりタバコを吸う20分の安らぎを失うので、タバコをやめるのが怖い」

「恋人は愚か者だけど、別れたら最愛の人を失って、もう誰ともつき合えないかもしれない」と考えるのです。

この思考パターンに打ち勝つ唯一の方法は、よく分析し、発想を転換することです。何かを失いそうだと感じたら、それが事実か疑ってみましょう。

恐怖心の根拠をよく調べてみると、実は誤解で、頭が疲れていたり、進む道を見失ったりしているときに軽率に思い込んでしまっただけのこともしばしばです。

気が小さく、自分をうまくコントロールできていない人は、物事が悪い方向に進むと予想しますが、知性があり、自己を意識している人は、実際の証拠やよく考え抜かれた理論に基づき、論理的な結論を導き出します。

ダイエットや禁煙、相性の悪い恋人との別離に対する恐怖心を検証すれば、自分のために健全な決断を下すことで得られるもののほうが、失うものよりも常に大きいことがわかります。

こうした発想の転換には、知性と楽観主義が欠かせません。不安の原因となっている仮定を疑ったら、次は懸念の対極に何があるかを検証します。

変化することで得られるものに、これでもかというほど注目するのです。

たとえば、新しいダイエットを始めることで、今まで知らなかったとてもおいしい食べものやレシピに出会えるとしたら、どうでしょう？

禁煙することで、タバコよりももっとリラックスできる習慣が見つかるとしたら？新しい恋人ができて、ついに喜びを見いだせるかもしれません。

喪失という暗い場面を思い浮かべるだけでなく、こうした結果も同じくらい視覚化してみるべきです。夢を見て、ポジティブな側面に注目しましょう。そのほうが、ネガティブなことばかり考えてずっと悪夢を見続けるよりも有意義です。

変化を恐れさせる2番目の思考パターンは、**困難を予測すること**と関連しています。**何かをするのを恐れる理由は、負担が大きすぎると思うからです。**自分にはそれを行なう能力も価値もなければ、準備もできていないのではないかと心配するあまり、行動を起こせないのです。ですが、こういう頭脳の使い方は悲観的と言えます。

十分に時間をかけて努力し、それに専念できれば、成功に必要なことはたいてい学べるのではないでしょうか？

偉大なる成功を収めた人々のほとんどは、初めから自分が何をしているかわかっていたわけではなく、最初は夢をかなえるために苦難に耐えなければならなかったのでは？

私たちだって、初めから自転車の乗り方やコンピューターの使い方、人の愛し方を知っていたわけではないということを忘れないようにしましょう。

人類は月に着陸する方法を知りませんでしたが、試す価値はあると判断し、苦労を重ねて、その方法を解き明かしたのです。そうして不可能を可能にするようになりました。個人や人類全体の物語についても同じことが言えます。

ですが、どれだけ多くの場面で私たちは物事を小さく考えていることでしょう。

「新しいレシピをすぐに覚えられるか自信がないし、30分もエクササイズを続けられるかわからないので、新しい減量法を始めるのが怖い」

「タバコをやめたら、空いた手で何をしていいのかわからないから禁煙するのが怖い」

「インターネットで新しい恋人を探すのは面倒そうだから、今の恋人と別れるのが怖い」

と私たちは考えます。ですが、あなたはこんな狭い考えに納まってはいけません。ある時点まで成熟すれば、自然とこう自問するようになります。

「自分は不自由になることを恐れるささいな懸念よりも、小さい存在なのだろうか？　より良い人生を歩むには、多少苦労する価値があるのでは？」

この思考パターンを打破する唯一の方法は、疑問を投げかけ、発想を転換することです。少しだけ時間を割いてよく考えれば、過去にはもっと難しいことを覚え、辛いことに耐えてきたこと、そして今必要なことを学んだり、それに耐えたりできることに気づきます。

人生の困難に耐えるための手段は、あなたの中に備わっているのです。

困難を楽しんでいる自分と困難を恐れている自分を想像して、比べてみることもできるでしょう。

「早く新しいレシピを覚えたいわ。友だちと一緒にエクサイズするのも楽しみ」「階段を上っても息切れしなくなって、ニコチン依存症から解放されて長生きできるのだから、張りきって禁煙しよう」「過去の相手よりももっと自分に合った相手を探せるなんて、わくわくするわ。真実の愛を見つけて、最愛のパートナーと人生を楽しみたい」と考えることもできます。

自由へと続く学びの旅は刺激に満ちていることを知り、情熱に火をつけましょう。それにはこう信じることです。

「私は学び、成長することができる。それには今すぐ始めること。運命は勇敢な人々を好むのだ」

これはただポジティブ思考を持てと言っているだけのように聞こえるという人もいるでしょう。

しかし、そうだとしても、どうだというのでしょう?

ネガティブ思考を続けますか?

人生で経験するあらゆる喪失や苦難にばかり気を取られていて、何かいいことがあるでしょうか？

精神的に怠けることによって、恐怖心による支配を許していては、自己を意識できません。私たちは日々繰り広げられる恐怖心との戦いの中で、思考をもっと力強く活用できるパーソナル・パワーを持っています。

自由になるのも、身を滅ぼすのも、考え方次第です。自由へ向かって前進できるかは、あなたの選択ひとつにかかっていることがわかると、大きく成長できます。

◆──恐怖に慣れ親しむことが克服の一番の手

マインドセットを変えるだけで恐怖心を一掃できるなんて、にわかには信じがたいかもしれませんが、これは可能です。

「実際に体で感じる恐怖の衝動はどうにもならないように思えますが、それも克服できるのでしょうか？」と聞きたくなる人もいるでしょう。

ライオンの調教師が、恐怖心を抱かずにライオンの檻に入っていけるのはどうしてでしょう？

講演者が、不安を抱かずに何千人もの人々の前で話ができる理由は？

部下たちが全員おじけづいているのに、重役が大胆な決断を下せるのはなぜでしょう？

答えは、練習です。

ライオンの調教師もかつては恐怖心を抱いていました。それでも何度もライオンの檻に入っていくうちに、やがて怖くなくなったのです。講演者も何度も舞台に上がっているうちにリラックスできるようになりました。重役も何度も決断を下しているうちに、躊躇《ちゅうちょ》せずにさらに大きな決断が下せるようになったのです。

こうした例から学び、恐怖の対象に立ち向かうという選択をすることもできます。**恐怖を感じるものに近寄る勇気を何度も選択するうちに、だんだん余裕ができ、やがて自信がつく**のです。

数千年かけて人類が恐怖に打ち勝つことを学んだという事実からインスピレーションを得て、束縛のない人生を取り戻しましょう。人類は恐怖の衝動に対する反応を変化させました。深呼吸して、自分の中の恐怖心が合理的なものかよく考え、前に進むことでどのような成長を経験できるかを思い浮かべました。

そして、前へ前へと歩を進めるうちに、ついに恐怖心を弱める、あるいは払拭《ふっしょく》することができるようになったのです。これが自制心と呼ばれるものです。

先人たちからこれを学び、自分の人生にもこの練習を取り入れましょう。自分の心をコントロールし、恐怖を克服する力を示すのです。

成熟した勇敢な大人は、不安や困難を引き起こすものにひるまないようになれます。背後でいつも脈打っている、恐怖心と同じくらい強い衝動、パーソナル・フリーダムを手に入れるという、明確で揺るぎない意志を手にすることができるのです。

そのために、こう繰り返しましょう。

「誰にも恐怖心をかき立てさせたりしません。本当の自分に正直に、どんな苦難が襲いかかろうとも夢の導くほうへ進むことを選択します。恐怖が勝つか自由が勝つか2つにひとつ。私は常に自由を選ぶことを忘れません」

3. モチベーションを高め、持続させる

3. On Motivation

「船を造りたければ、人々を集めて木を集めさせたり、仕事を割り振ったりするよりも、彼らに果てしなく広がる海へのあこがれを抱かせることです」

アントワーヌ・ド・サン＝テグジュペリ

人間を突き動かす主な原動力は自由または恐怖心です。私たちの心理にそのほかの経路はありません。一方は、**本当の自分と自分の志に向き合うことを要求し、必然的に独立と成長、幸福、超越へと導きます。**

そして、他方は**挑戦を避け、できる限り苦労しないで済む道を選ばせます。**ですが、成長には苦労がつきものです。この道を進むと人は力を失い、服従し、後悔することも少なくありません。個人的自由を追求すれば運命を発見し、恐怖心に従えば自分が失われていくのを目にすることになります。

原動力のスイッチを入れる誘因を、しばしばモチベーションと呼びます。モチベーションを感じたとき、前進する人もいれば、立ち止まる人もいますし、成長する人もいれば、尻込みする人もいます。その場にとどまる人もいれば、偉大な成功を追いかける人もいます。

人生において私たちが取る行動は、心の中の論理と衝動が恐怖心を重視しているか、自由を重視しているかに左右されます。

行動を起こさずにはいられないような理由がない場合、または恐怖を抱いたり、自分を守りたいという衝動を感じたりしているとき、私たちは行動せずにじっとしている傾向があります。

ところが、前進したい理由がいくつもあり、自由を支持する衝動を感じるように条件付けられている場合、人生を着々と前進させようとする傾向が強くなります。

自由が脅かされかねないわけですから、ほとんどの人は人生においてモチベーションが、どう機能しているか理解していると思うことでしょう。

ですが、全く見当がつかないという人も少なくありません。こういう人々は論理的思考ができず、無力で、ただ日々周りの状況に反応して生きています。

そのため、彼らは自由ではありません。**衝動の奴隷**になっているからです。

同じ理由から、多くの人々が目標を持てず、無気力で恐怖にとらわれています。大半の人にとって、モチベーションは謎のままなのです。

一方、**私たちの偉大な仲間たちにとって何よりの美徳は、高いレベルでモチベーションを維持すること**です。

人生における成功と達成感は、屈することなく立ち上がり、本物の自分を貫き、毎日情熱を持って夢を追い、自分の存在や実績、潜在能力を次のレベルまで高めようと願い続けられるかにかかっています。さらに幅広く考えれば、人類全体の価値体系はモチベーションにかかっているとも言えるでしょう。

親切心、愛情、正直さ、公平さ、結束、寛容、尊敬、責任といった、私たちや社会を統制している人類の偉大な価値は、どれひとつとして、私たちがそうした価値を人生にもたらそうというモチベーションを持たない限り、開花することはありません。

したがって、個人レベルでモチベーションをマスターできなければ、幸せになれませんし、社会的レベルで良い行ないをしようというモチベーションを維持できなければ、誰もが道を見失ってしまいます。

人類が本当の意味でモチベーションを活用できたら、どれだけ高いレベルまで到達できるでしょう。

誰もが好きなときにモチベーションのスイッチを入れ、好きなだけ長く維持できたら、世界は瞬く間にどう変化するか想像してみましょう。

より多くの人が自由と幸福を手に入れられるかもしれませんし、スタミナがつき、貧困をなくせるかもしれません。

もっとたくさんの学校を建てることも可能でしょう。飢餓や病気を根絶し、無実の罪で投獄されている人々を解放し、地球温暖化を食い止め、世界のあらゆるところで偉大な進歩を遂げられるかもしれません。

そして、今より何十億人も多くの人々が夢をかなえられるのではないでしょうか。

本物のモチベーションが根付き、人々が気力と目標を取り戻し、意識的に頭を使い、常に全身全霊を傾けることで情熱に火をつけられたら、社会はどう変わるでしょう。世界がどれだけ繁栄するかを想像しましょう。自由を想像するのです。

この可能性は十分実現できます。**モチベーションを理解し、実践するのは驚くほど簡単**

だからです。そのために、まずは私たちが行動する理由から解き明かしていきましょう。

◆――モチベーションを自ら生み出す秘訣

第一歩はチベーションの根幹にある動機、つまり行動の理由を理解することです。

自分は「なぜ」それをするのか、考えてみましょう。

行動の動機を育む過程で、あなたは意識的か否かにかかわらず、頭で数々の思考や感情、経験をフィルターにかけ、何かをする、あるいはしない一連の理由を選択します。

この選択をどれだけ明確に理解し、それに専念できるかによって、モチベーションのレベルが決まるのです。

明確に理解し、専念できれば、高いレベルのモチベーションを感じることができます。

一方、明確に理解できず、専念できない場合、モチベーションは低くなります。この過程を一言で言うとこうなるでしょう。

モチベーションの母は選択である。

私たちは行動を起こす理由を頭で選択してきました。その行動に専念する場合もあれば、しない場合もあったでしょう。それによって、モチベーションが高くなることもあれば、低くなることもあったはずです。

この事実から、最大のパーソナル・パワーとは何かがわかるでしょう。それは**衝動を引き継ぎ、心をコントロールして、自分のためになるものを選択し、それに全力を尽くす能力**です。

簡単に言うと、あなたは何を目標にするか、なぜそれを目標にするか、自分で選ぶことができます。そして、その目標に注目し続けることで、行動を起こしたいという欲求が生まれ、その欲求を、モチベーションをもたらす内なる力、エネルギーとして感じます。

偉大な成功を収める人々の特徴は、自分の心をうまく導くことで、モチベーションを感じるレベルをコントロールできると気づいていることです。

これはほかの感情的ブレークスルーにも当てはまります。幸せはひとつの選択であり、悲しみも選択、怒りも選択、愛も選択であることに気づいたとき、目からうろこが落ちたように感じることでしょう。

人間が手に入れられるすべての状態、感情、気分は、心の中の意志から生み出すことができるのです。この気づきは、青年が成人になり、未熟な人が成熟し、恐る恐る生きていた人が飛躍するための最も明らかな道しるべとなります。

とはいえ、すべての人が思考や感情を選べるというわけではありません。

健康な人なら誰でも持っているこの心の機能を持っていない人も、わずかな割合ですが存在します。病的な心理状態のときや精神疾患があると、継続的に意識して自分の思考や感情を導くことができないのです。こうした状態はセラピーや投薬によって改善できることもあるので、治療を受けるようにしましょう。

実際に障害や生物学的問題を抱える人々は、人生の前進を妨げるほどの問題に直面しているのです。彼らの問題を軽視することはできません。

大多数の人々はそのような障害を持ってはいませんが、それでも自己意識がなく、思考の習慣がついていないこともあります。

ほとんどの人は、単に**まだ自制心を尊重し、身につけるべく努力するという選択をしていないだけ**です。

彼らに必要なのは投薬ではなく、強く願い、訓練すること。処方箋ではなく、新しい人生哲学が必要なのです。

長期にわたり投薬と治療が必要な人でも、ほぼすべての場合、健康をうまく維持するための思考や行動を自ら選ぶための努力も治療につながります。精神疾患や外傷性脳損傷の患者でも、回復への道をたどることで、自分の心をより深く理解し、うまくコントロールできるようになるのです。

心をコントロールするなんて、自分にもほかの人にも難しすぎると決めつけている、ひねくれた考えの持ち主は、意識的に計画を立てながら人生を歩むことはできません。そのため、数多くの衝動と社会的刺激でいっぱいの広大な海を永遠にさまよい、ただ何かに反応し、さまざまなものに注意を奪われながら生きることになります。

それぞれ長年にわたり発展を続けてきた哲学と心理学と神経科学には、理性と頭脳を最大限に活用して、人間の潜在能力を解き放つという共通のテーマがあります。理性こそがモチベーションを持ち、独立したアイデンティティーを育むための秘訣なのです。

我思う故に我あり、我行動す。

モチベーションを持った人々は、この真理をよく理解しています。

偉大な芸術家やリーダー、改革者は、理性の機能を最大限に活用し、可能な限り自分を高め、最善の行ないをします。

そして、本当の自分を表現し、自分で有意義だと思う目標を追求します。

自分の方向性と価値を戦略的に考察し、重要な決断を下すときはいつでも、大きな活力と達成感をもたらすものに重きを置きます。

人生における数々の選択肢の中から、自由になり、貢献したいと願う気質や目的に合った道だけを選びます。

彼らは最高の性格特性を発揮し、どんなに小さい衝動も思い通りにできるように戦うと心に決めています。

思慮の浅い人々からすれば、彼らは運のいい、選ばれた人々に見えるかもしれませんが、実際のところ、**彼らはただ選択すると決意しただけ**なのです。

モチベーションを持った人々は運がいいわけではありません。彼らはひたむきなのです。彼らは人生に活力を与え、レベルを高めるために目的意識を持って頭を使うことを選択します。そのため彼らはより多くの成果をあげ、尊敬を集めるのです。

たとえば、自分の思考や感情をうまく管理できる思慮深い人は、類《たぐ》い稀な能力を身につけ、尊敬を集めるでしょう。

一方、自分の考えや感情に責任を持たない人は、いき当たりばったりで、多くの場合不必要な思考や衝動の渦に巻き込まれます。未熟で信頼できない人物と見なされ、彼の空っぽな無意識の世界は恐怖で満たされているため、自己不信に陥ったり、社会的絶望を味わったりします。

思考と感情は選択できることを理解して初めて、「幸せを感じないのです」とか「悲しいけれど、自分にはどうにもなりません」という言い方は間違いだということに気づきます。どの瞬間も自分の感情は自分で選択できるからです。もっと正確に言い直すとこうなるでしょう。

「今は幸福感を生み出すように自分の頭を使っていません」
「しばらく悲しいことに注目することを選択したため、この悲しみが生じているのです」
「前向きな気持ちになり、理想の現実を設計するように意識を使う代わりに、無意識の衝動が自分を導くのを許しているのです」

人は理由もなく突然幸せを感じたりしないように、突然「モチベーション」を感じることもありません。幸せは衝動ではなく思考の結果です。

今この瞬間（あるいは人生全般において）経験していることが心地良いか、前向きか、ありがたいと思うか、結論を下すのはあなたの心です。

永続的な幸福感は、一時的な身体的快感ではなく、ポジティブな記憶と選択がもたらす知性の高まりが長期間続いている状態なのです。

したがって成熟した大人なら、モチベーションが偶然ではなく、感覚というよりも意図的に動機に関わることであり、何かへ向かう選択であり、心の奥深くにある、行動をする理由であることに気づいています。

モチベーションは、思考の結果生じたエネルギーなのです。モチベーションを感じるのは、そう選択したからであって、たまたま楽観的な性格だったからではありません。

ですから、もっとモチベーションを持って人生を歩みたいのなら、もっと明確な選択をし、もっと深く専念することです。

これはあまりにも単純に聞こえるかもしれません。もっと明確な選択をし、その実現に深く専念するだけで、モチベーションを感じられるものでしょうか。

これらはある程度合っていますが、熟練するにはこの努力の細かな意味まで理解する必要があります。

意識的にモチベーションのスイッチを入れ、増幅させるためには、あるプロセスを踏むことです。このプロセスの主導権を握ることで、自分で選んだときにいつでも思い通りのレベルまでモチベーションを高め、好きなだけ長く維持できる、知的・感情的能力が得られます。

〝視覚化のプロセス〟がモチベーションを高める

心理学的に言うと、モチベーションに火をつけるのは、志と期待から生まれるエネルギーです。志とは、人生においてより偉大な存在になり、より偉大なことを成し遂げ、より偉大な経験をするという選択のことです。

自分のためにより**偉大な何かを求めると、すぐにモチベーションに火がつきます。**

もっといい仕事に就きたい、もっといい家に住みたい、もっといい結婚生活を送りたい、もっと健康になりたい、もっといい生活がしたいなど、こうした欲求がエネルギーを目覚めさせるのです。望みが高ければ高いほど、あなたが最初に感じるモチベーションのレベルも高くなります。

ですから、自分の心を見つめ直し、こう自問する必要があります。

自分のために何が必要だろう?

自分にとって有意義な新しい目標はなんだろう?

学習したり、貢献したりすることについて、何を楽しみにしているだろう?

どんな偉大で新しい冒険を夢見ているだろう?

どんな偉大なる探究または貢献が自分に満足感をもたらし、毎朝張りきって目覚められるようにしてくれるだろう?

こうした質問は志を鼓舞し、ひいてはモチベーションを鼓舞する秘訣です。これはとてもシンプルです。

高い目標について深く考えることで、自分にエネルギーを与え、その目標を追求できるようになるのです。

ですが、それだけではありません。多くの人々は、自分にとってより良いものを求めています。つまり、彼らの志は生きていて、健全なのですが、それでもモチベーションを感じないのです。

その理由は、より多くを欲しているにもかかわらず、それが実現できると信じていない、または、彼ら自身がそれを実現できると信じていないからです。

彼らに足りないのは、期待です。つまり、自分の夢は実現可能で、自分で成し遂げられると信じるという選択ができていないのです。

たとえば、役者を目指していながら、一度もオーディションを受けたことがない人を想像してみましょう。彼女は役者になりたいとは思っていても、自分にそれを実現する能力があると信じていないのです。

ビジネスを始めたいと思っているのに、自分で実現できるとは信じられず、今の職場を辞められない起業家の卵について考えてみましょう。

こうした人々は、人生における、ある厳しい真実を学びます。それは、自信に裏打ちされていない願望はいずれしぼんでしまう、ということです。

モチベーションが欠けているとき、私たちは目標を達成することを心から期待していないことがしばしばです。

信じられないということは、達成できないとわかっているということですから、挑戦すらしません。そういう意味でも、期待は単なる希望とモチベーションを見分ける重要な要素と言えるでしょう。

望みを抱いているけれどモチベーションがわかないときは、もう少し自信を持って、自分にこう言い聞かせましょう。

「私なら日々学習し、成長し、いろいろなことを成し遂げられると信じているから、何があっても実現できるはず。学習し、努力し、支援を求め、やり通せるだけの能力があると信じているから、いつか夢はかなう」

こうした期待によって、あなたの心は志を実現するために必要な信念と行動を形づくるようになるのです。ですから、心を集中して、夢がかなうところと、それを自分で成し遂げるところを視覚化しましょう。

さっそく今夜ゆっくり時間をかけて、どんなものが人生に喜びと達成感をもたらすか考えてみることをお勧めします。そして、それについて日記を書き、夢見るのです。

勇気と情熱を持って、偉大なことに力を注いでいる自分を想像しましょう。

視覚化し、自分の中に取り込むプロセスは、心の奥底にある私たちの存在という織物に期待という糸を織り込んでいくことでもあります。このプロセスこそが、自分のモチベーションに火をつけるのです。

トライアスロンに出場したいと思っている人について考えてみましょう。この夢をかなえられる人は、「いつの日か十分実力がついて、トライアスロンに出場できたらいいなぁ」などと言ってはいられないことを知っています。

それよりも、なぜこの志を持ったのか明確に理解し、レースでベストを尽くし、完走するのだと自分に言い聞かせます。そして、自分が泳いでいるところや自転車をこいでいるところ、走っているところ、ゴールラインを通過するところを視覚化するのです。

彼はモチベーションを呼び起こし、最初の一歩を踏み出して、トレーニングし、完走するという選択をします。

彼はそうしなければならないということ、そして自分ならできるということを確信しているからです。

ですから、「もっとモチベーションが上がるといいのですが」と言う人には、こう答えましょう。

「モチベーションに期待しないでください。モチベーションが持てるような志をひとつ選ぶのです。ひとつの夢にターゲットを絞り、それが実現すると信じれば、大きな情熱のうねりが生まれ、あなたを燃え上がらせるでしょう」

◆──モチベーションを維持させるコツは〝注目〟すること

志と期待はプロセスのほんの始まりに過ぎません。モチベーションに点火する火花なのです。残念ながら多くの人々は、夢に集中し続けてモチベーションの炎をさらに燃え上がらせることができません。

トライアスロンの選手は時々自分の夢を信じるだけでは不十分で、願望を維持するという選択をし続ける必要があります。

日々のトレーニングのスケジュールを立てなければなりませんし、コーチを探す必要もあるでしょう。向上するために走り、汗をかき、闘わなければなりません。これを何度も繰り返すのです。

したがって、**モチベーションを保つためには注目し、努力するという選択を続けることです。**

モチベーションが長続きしないと感じるのは、自分の志に注意を払えていない人だけです。心をうまく導けていない人は、基本的な人間の衝動以上の原動力がなく、モチベーションを維持することもできません。

私たちは改めて集中する必要があります。意識的に志に注意を向けることで、やる気を維持し、期待に胸を膨らませ、エネルギーを高められるのです。

これは**毎日目標を見直し、毎晩願望について日記をつけ、定期的に時間をつくって自分の願いを視覚化し、次なるステップのスケジュールを決めるだけで簡単にできます。**

ところが、ここでたくさんの人が挫折します。日々さまざまなことに気を取られているため、集中できず、モチベーションも奪われてしまうのです。

成功できない理由は、彼らの「モチベーションが足りない」からではなく、単に気が散ってしまい、上の空になり、モチベーションを維持できないからです。

世界が私たちの欲するものを与えてくれない理由は、単に私たちが集中していないので、何を求めているかはっきりしないからなのです。

世間の取るに足らない関心事や見せかけの緊急事態に反応して集中力が途切れ、まだまだこれからというときに夢を犠牲にしてはいけません。

日々の雑務に追われたり、本当にやりたいことを始めるのに「適したタイミング」を待ったりして、目標から目をそらしてはいけません。夢から注意がそれ、広大な無意識の世界を漂い始めると、モチベーションも陰に隠れてしまいます。

ですから、動機をいつも意識するようにしましょう。大きな展望を常に視野に入れ、毎日心の中の意識というダッシュボードのあちこちから、カラフルな夢が目に飛び込んでくるようにするのです。腰を落ち着けて、自分の求めているものについてよく考え、願望がかなうところを何度もイメージしましょう。

これではまるで、取りつかれたように夢に執着するようになると懸念する人もいるかもしれませんが、その通りです。恐らく生まれて初めて確固とした目標に執着し、本当の意味で自分たちにとって重要なことに全神経と熱意を傾けることになります。

偉大で自由な人生を築くのに執着を恐れてはいけません。意識的に注目し続けない限り、モチベーションが下がって夢に対して及び腰になり、心に刹那的で気まぐれなときめきを与えるだけになってしまいます。

自分の志と情熱に深く、長く注目するほど、強くモチベーションを感じられます。これは自明の方程式であると同時に究極の秘訣でもあります。

しかし、考えているだけではモチベーションを維持できません。苦労して道を進む必要があります。志を実現するために実際に努力するのです。

行動を起こさなければ、求めているものを引き寄せ、手に入れることはできません。自分の夢に向かってどれだけ頻繁に行動しているかを見れば、その人のモチベーションの深さがすぐにわかるのではないでしょうか。

継続的に行動していないとしたら、モチベーションがないことは明らかです。皮肉なのは、彼らがもっと努力すれば、モチベーションも高まるはずだということです。

最初の一歩を踏み出さない限り、目的地に到達するためのエネルギーや責任を感じ続けることはできません。

トライアスロンの選手は、志を持つだけでなく、トレーニングを始めることも必要です。そして、レースに申し込み、走る距離を延ばし、より厳しいトレーニングを行ない、自分の限界を広げ、完走するという夢のために「訓練」しなければなりません。こうした努力のためにモチベーションを維持し、高めていくのです。

モチベーションが死んでしまうのは、夢が死んでしまったからではありません。本当の努力をしなかったか、続けられなかったからです。

一歩一歩進んでいかなければ、決して前進する喜びを感じることはできません。そして、間もなくエネルギーがなくなり、途中であきらめることになるのはほぼ目に見えています。

私たちを本当の意味で生かしてくれるのは、有意義な目標を達成するための汗と苦労だということを忘れがちです。

ですから、**懸命な努力、およびその努力がもたらす推進力と達成感以外に、モチベーションの火を維持できるものはないということを覚えておきましょう。**

疲れたり、邪魔が入ったり、苦難を強いられたりしても目標に向かって努力を続けること。それこそが、本物のモチベーションを持っている証です。

どのような人生を送り、どのような足跡を残すかも、長い間前進を続け、意志の炎を燃やし続けられるかにかかっています。

夢に向かって重い足をもう一歩前に進めるだけで、また次の一歩を踏み出す意欲がわくことも少なくありません。ということは、一生モチベーションを持ち続けるための究極の秘訣は何か、もうはっきりわかるはずです。

それは、**たとえ何があってもひたすら続けること**です。

モチベーションを高めようと苦戦した揚げ句、自分の志にもっと注目するだけで良かったのだと知るのは辛いことでしょう。むしろ、人生の中でも特に燃えている時期には、幸運に恵まれたり、外部からの力が働いたりするのだと思い込みがちです。窮地に追い込まれたとか、父親を亡くした、妻に必要とされている、大きなチャンスが舞い込んだ、神の存在を感じた、乳児を養わなければならない、といった環境的要因が整うとモチベーションが上がるという間違った考えを信じたくなります。

ですが、モチベーションを感じる理由は、より頻繁に前進したいという意志を持ち、行動したからに過ぎない、というのがありのままの現実です。

注意と**努力**。この2つを何があっても日常的に絶え間なく行なうのです。これらは選択であり、私たちは有意義なことにより注意を傾け、努力をすることを選びます。ほかには何もありません。

環境を変えたおかげでも、必要に迫られたためでも、さらには神のお告げがあったからでもなく、選択をしたことが私たちにエネルギーをもたらし、私たちを救うのです。

一体どれだけ多くの人々が神のお告げを聞いていながら、それに応えないことを選択してきたことでしょう。

自由で神聖な人間として、自分らしい方法で、環境やニーズや神からの要請に対して、本物の行動をもって応えるという選択をすることで、私たちは暗闇から抜け出すことができるのです。

誰にでもわかるようにここで明言しておきましょう。絶え間なく自分の志に注目し、決意を持って目標に向かっていく能力を身につけた人が、偉大さを手にするのです。

◆──身を置く環境でモチベーションの大きさが変わる

モチベーションを高め、燃え続けさせる方法はもうわかったので、これからモチベーションを成長させ、体の隅々、そして人生のあらゆる面に浸透させましょう。

2つの選択を行なうことで、モチベーションを次のレベルまで増幅させられます。その選択とは、**姿勢**と**環境**です。

姿勢は重要です。自由でモチベーションを持った人々は、**目標や人生に対して前向きで熱心**です。

ですが、日々の経験を重視せず、悲観主義という砂地獄にはまり、歯を食いしばっている数百万の人々に目を向けてみましょう。

怒りや憎しみ、そして恐怖心によるあらゆる束縛が、彼らの心に火を注いでいます。そして、とても多くの人々が、沈んだ面持ちをしています。

これはどうしてでしょう。人生について、突然心の底から悲観的になるような理由が何かあるのでしょうか。

そんなことはありません。目下の問題は、自分の姿勢の選択を誤っていることです。ほとんどの人は、自分がどのような気質を持っているか、世界をどれくらい熱心に経験しているか、世界にどれだけ貢献しているか、めったに考えることすらしません。

彼らは自分がどう考え、どう行動し、どう貢献しているかを気に留めておらず、この無意識の姿勢のせいで、彼らは夢を手放し、功績を残せないという代償を支払っているのです。

では、今度は偉大な成功を収めた人々について考えてみましょう。

彼らは不機嫌で、無情でしょうか。ネガティブで怒りを抱えていますか。

そんなことはありません。一般に好ましくない姿勢を持った人で、真に偉大な成功を収め、目標を達成した人などいるでしょうか。惨めな姿勢で生きている人が、世界の進歩に目立った貢献をすることはめったにありません。

本人が心を開き、人生への情熱に燃えていなければ、モチベーションだけで魂に最も明るい火をともすことはできません。世界に心を開き、前向きな気質を持った人は、人々を引きつけ、経験から喜びを感じ、宇宙で最も高いレベルのエネルギーを導きます。

ですから、あらゆる状況において、あなたは世界にどのような姿を見せ、どう世界を感じ、どう世界と関係するか、自分で選択できるということを覚えておきましょう。

困難な状況もゲームととらえ、笑顔と思いやりのある意図、ユーモアを持ち、目的を持たずに生きている人々の陰気な不平をかき消すくらい大きな声援を送りながら、その状況に立ち向かうことです。

とりわけ、世の中に対して怒りを抱きそうなときでも前向きな姿勢を維持することができれば、人生においてひとつ重要な成果をあげたと言えます。

自分たちの意志が直接働かない部分で、良識を保ち、前向きでいるための方法のひとつは、**良識を持つ前向きな人に囲まれているようにすること**です。

前向きな社会環境ほど長期的にモチベーションを増幅させるものは、めったにありません。

関わる人によって私たちの姿勢は変わり、モチベーションにも影響します。

残念ながら、ほとんどの人は社会的領域でモチベーションが奪われ、自分を制限されるのを許しています。悲観的で愚かな人々に囲まれていたり、被害妄想の強い人や意識の低い人が生み出すストレスや混乱の中で暮らしていたりすると、高いモチベーションを維持するのは難しいのですが、それでも不可能ではありません。

一方、酔っぱらいの友人宅を泊まり歩き、パーティーばかりしている人が、偶然成功と幸福の秘訣を発見することは、まずないでしょう。

恋人にいつも侮辱されている女性は、なかなか最高の自分を実現するために頑張ろうという気持ちにはなれません。軽蔑的な上司ややる気のない同僚に囲まれ、将来性のない仕事をしている人が、卓越した能力を発揮して貢献しようというモチベーションを持つのは難しいでしょう。

これからは、**好ましくない姿勢を持つ人々から距離を置くようにしましょう。**

彼らのエネルギーは伝染し、ほかの人まで堕落させるからです。あなたのパーソナル・パワーが脅かされていることを忘れないようにしましょう。社会的つき合いのために、自己表現や有意義な目標の追求を妨げられるべきではありません。

モチベーションを維持するために、注意を怠らず、前向きな姿勢で前向きな目標を追求している、正直で前向きな人々に囲まれているようにしましょう。

また、**感性を高めるために、もっと物理的環境を整えるよう心がけましょう。**

自分が時間を過ごす空間を愛すべきです。愛せないような空間で暮らしている場合は、すぐに手を加えましょう。

家に帰るとほっとして、元気を取り戻せるようにすべきです。部屋は明るくし、誰にも邪魔させずに自分と向かい合ったり、考え事をしたり、計画を立てたり、芸術作品をつくったりできる空間も必要です。くつろげる空間で眠り、考え事をするようにしましょう。

仕事場からひらめきが得られるようにすべきです。そして、ひらめきが必要になったらいつでも電話できるように、やる気に満ちたほかの人々の連絡先がすぐわかるようにしておきましょう。連絡先のリストができていない人は、こうした人々を見つけ、関係を築くようにすぐ変化を起こす必要があります。

生活の場や仕事の場が協力的でない、または前向きな仲間がいない場合、それらを実現することを人生の使命のひとつにしましょう。

環境は大切です。モチベーションと喜びを次の段階まで高められるよう、環境を整えましょう。

◆―犠牲者の立場から脱却し、自由へと続く確かな道を進もう

モチベーションについて新たな認識が持てたら、今度は犠牲者の立場から脱却し、自由へ向かって確かな道を歩んでいきましょう。今や私たちはいつでも人生にモチベーションをもたらせるようになり、ほかの人々にもその方法を説明できるようになりました。

高い目標をひとつ選び、全力を注いで、その目標は実現可能なものであり、自分の手で成し遂げられると期待しましょう。

いつも夢に注目し、一心に努力を重ねていけば、モチベーションはおのずと永続します。前向きな姿勢で偉大な成功に向かって努力し、自分の周りにモチベーションを高められるような協力的な環境をつくるようにしましょう。

これらを実践すれば、モチベーションを育てるのは、幸運な気持ちではなく、意欲的な選択であることがわかるでしょう。選択を重ねていくうちに、人生の舵《かじ》取り役は自分自身であると実感し、注意をそらすものがあっても惑わされずに突き進み、人生の山や谷をうまく乗り越えられるようになります。

一方、これらを実践しないと、衝動に身を任せ、気まぐれに行動するようになり、怠惰と恐怖心の奴隷になってしまうでしょう。意識を高め、自由になることができないため、

他者や環境の餌食《えじき》になるのです。

間もなく私たちはモチベーションを持たない犠牲者になってしまいます。犠牲になっているという意識ほど、魂のエネルギーを奪うことはありません。

そこで、以下に目的もモチベーションも持たない人々に伝えるメッセージを記します。

彼ら　：「何か、または誰かがモチベーションを与えてくれるのを待っているのです」

私たち：「モチベーションは自分の内面からしか生まれません」

彼ら　：「モチベーションを感じないのです。私はきっとそういう人間なのでしょう」

私たち：「モチベーションは体で感じる衝動や性格特性ではありません。自由で意識を持った心の意図であり、意志なのです」

彼ら　：「昇給して、権限や責任を手にしたら、モチベーションが高まって、もっと一生懸命働けると思うのですが」

私たち：「これまでモチベーションを高めるという選択を行なってこなかったとしたら、それが昇給せず、権限や責任を与えられない原因です。努力することでモチベーションが高まり、モチベーションが見返りをもたらすのです」

彼ら　：「周りの人々がいつも私のモチベーションを下げるのです」

私たち：「周りの人を選んでいるのはあなた自身ですが、いずれにしてもモチベーションは自分の意志と決断にかかっています。ほかの人があなたのモチベーションを奪ったり、許可したり、下げたり、消滅させたりすることはできません。モチベーションはあなたの中にあります。それはあなたが望んだからです。日々モチベーションを生み出すのも、維持するのも、失うのも、あなたの指示ひとつにかかっているのです」

彼ら：「これまでの人生で、幸運に恵まれたり、生きる目的が見つかったりといった、モチベーションを得るような大きな経験はしていません」

私たち：「目標とは運良く雷のようにピカッとひらめくものではありません。モチベーションも目標も選択なのです。モチベーションに火をつけるのに必要なものはただひとつ。志と期待を高めると決意することです。じっくり自分の願望について考え、自分ならできると信じましょう。モチベーションを維持するには、常に注意を向け、努力を欠かさないことです」

彼ら：「時々、怠けたい気分になるのです」

私たち：「その場合、何か別の気分を選択しましょう。ほかのどの感情も選択であるように、怠けたい気分もひとつの選択です。人生は短いということを理解しましょう。いつまでも怠惰な気分を選択していると、衝動の奴隷となり、後悔ばかりの人生を送ることになります。いずれ世界に飛び出し、自分がどんな人間なのか理解し、成長し、夢をかなえ、自由で偉大になるためには、自分のエネルギーを高めることを選択するしかありません」

あなたは必ず人生の幅を広げ、人生を讃美できるようになる

意識を持ち、人間に備わった精神の機能を最大限に活用し、心と動機を自ら導くこと。

こうしたことからパーソナル・パワーが得られます。

決しておろそかにしてはいけません。1日1日、モチベーションをマスターすることに専念しながら人生を歩みましょう。最大級の注目に値するものは、ほかにありません。

パーソナル・フリーダムへ向かうモチベーションを持った心に従って決断するにせよ、恐怖心による衝動に身を委ねるにせよ、一生のうちには、その場その場で決断を下さなければならないことが何百万回もあり、それによって運命が決まっていくからです。

恐怖心が勝つか、自由が勝つか。2つにひとつです。

モチベーションに火がつくと人生の幅が広がり、人生を讃美できるようになります。ですから、もう一度大きな望みを持って魂を燃え上がらせましょう。注意深く意識し、努力

を重ね、前向きな姿勢でいることで、エネルギーをかき立てるのです。

そして、最大限に能力を発揮して、自分が暮らす社会的環境と物理的環境を創り上げましょう。

懸命に努力し、成功できれば、活力が増幅し、まるで神聖な光が炸裂するように人生が広がり、自分たちがここにいること、チャンスが訪れたこと、そして、私たちは準備ができているということを、世界や運命に向かって宣言することになるのです。

第3部
9つの宣言

SECTION THREE

THE 9
DECLARATIONS

「服従は自由の看守であり、成長の敵である」

ジョン・F・ケネディ

宣言1

全身全霊を傾けて、力の限り人生と向かい合う

1. We Shall Meet Life with Full Presence and Power

あなたにふさわしい役割を知れば〝求めるもの〟はすべて手に入る

「あなたの本当の家は、今、ここにあります」

ティック・ナット・ハン（ベトナムの禅僧）

本来人間は、神聖なるインスピレーションがもたらす自由を経験できるはずです。ところが、**世界中の多くの人々はこの経験が得られず、喜びを奪われています。**その理由は、いつも上の空で、今という瞬間に参加できていないからです。

とても多くの人々が、自分の体や人生から離れてしまっています。周りのエネルギーや環境と調和できず、今現在、体や人生に対してどのような責任があるかも理解できていません。

自分たちを取りまく数々の恩恵に息を飲んだり、敬意を払ったりすることもありません。できればその場にいたくないかのようにふるまい、心はまるで今という喜びに満ちた時間よりも前あるいは後の別の時間帯に生きているかのようです。

生命力は、彼らのもとを離れてどこかに消えてしまいました。彼らは人生を見失い、もはや自分の人生を生きているとは言えず、魂は世界の果てにあるかのようです。

人類の過半数は、深遠なる無意識の世界で道に迷っているようなものです。落ちくぼみ、どんよりとした彼らの目を見ればすぐにわかります。

心ここにあらずで、暗くて感情のない辺境の地にとらわれているかのように、**注意が散漫になり、思考ができなくなっています。**眠っているわけではありませんが、意識が低く、注意力もなければ、目的意識もありません。

コーヒーを片手にうわさ話に花を咲かせることはあっても、本当の意味でエネルギーの軸となるものや基礎となるもの、今という瞬間に対する生き生きとした感覚がないことになど気づいていないでしょう。

本来人生とは、無感動でいき当たりばったりの経験を延々と繰り返すものではありません。ゾンビや奴隷、愚かさにとらわれた意識のない動物のように、何も考えずに無力のまま人生を送ることのないようにしましょう。愛する人々や、人生における義務、心の中の夢から目をそらすべきではありません。

自由になり、全力で生きたいと願うのなら、現在の経験にすべての意識を集中させましょう。

もう一度、感じるという選択をするのです。そして、五感を働かせてこの人生を感じるようにしましょう。

人生において、愛しているものはいずれも今しか手に入らないということを思い出しましょう。

求めるものはすべてあなたの周りにあり、今すぐ手に入るのです。本物の豊かさ、つまり愛や情熱、喜び、満足、調和は、心の中のメニューに載っていて、今、手の届くところにあります。それに気づき、注文するだけで味わえるのです。

なりたいと思っているものも、今ここにあります。一瞬一瞬、どんな役を演じたいか、人生のエネルギーをどこに向けたいか、自分で選ぶことができます。

すべての行動に意識と力を向けることを覚えれば、不満は消え去り、生き生きとしたエネルギーを取り戻せます。

そして、地球上に暮らすほとんどの人は計り知れないほど、大きな活力を感じることでしょう。そのためにこう宣言しましょう。

「**全身全霊を傾けて、力の限り人生と向かい合う**」

◆──人生で経験できることを〝半分しかしない〟のはもったいない

人生の多くの時間は、気づかぬうちに過ぎていきます。日の出や日の入りも見逃してばかりです。

自分が何を感じているのかわからない状態が、何時間あるいは何日間も続くこともあります。

親切な人が、老人の手を引いて通りを渡るのも目に入りません。妻や夫が、感謝の気持ちを込めてニコッとほほ笑んでも見逃してしまいます。

手を休めて同僚の目を見ながら、その日の状況について尋ねることもないので、相手が困っていても気づきません。

室内にこもり、機械の陰に隠れて、どの季節も楽しむことができません。雪と戯《たわむ》れることもなく冬が過ぎ、春の盛りに花を楽しむこともなく、夏と秋はあっという間に過ぎ去って、紅葉を目にした記憶もなければ、空の下で過ごす時間を満喫することもありません。

毎日何百万回も神聖な素晴らしい出来事が起こり、親切な行ないや美しい景色が見られるというのに、私たちは心ここにあらずで、昨日や明日のことばかり考えていて、これらを感じる暇さえないのです。

あまりにも無関心で上の空でいると、好奇心が弱く、人生にも半分しか関わらないことを選ぶような人々と同じ運命や悲劇に見舞われることになります。

人生の重要な瞬間や、環境に注意を向けましょう。そうすれば、もっと多くの感動や美、有意義なものを手にすることができるのです。

開眼すると、人生の天敵は何年も先の死ではなく、人生から切り離されることだというのに気づきます。

現実は、今ここにしか存在しません。だからこそ、現実に直面し、現実を感じ、現実を形づくる方法を学ぶのです。

現在は、ここにあるものすべてです。

モチベーション、そして人生自体も今という時間と切り離して感じることはできません。この瞬間にすべての意識を集中しなかった人々は、衝動や疲労感の奴隷となってしまいます。そして、成長や自由を目指すよりも、やすきに流れ恐怖心を抱きがちな、人間の基本的傾向に従うことになるのです。

こうして今という瞬間から離れてしまうため、親が子どもと向き合おうとしなくなったり、恋人が不誠実になったり、学生が注意散漫になったり、経営職が上の空になったり、あらゆる恥ずべき状況が起こるのです。

これからは、もっと注意深く世界と関わるようにすべきです。

一瞬一瞬、人生が展開していく中で、身の回りの恩恵について、自分がどう感じているか、ほかの人々はどう感じているかに、もっと注目するという選択をすることもできます。

心と頭、魂を解放して、世界がささやく言葉に耳を傾けることもできます。

そして、今というこの瞬間にオープンで自由な人間、生きた人間として存在することを改めて選択することもできるのです。

この努力をするうえで、**唯一の敵はあなた自身**です。

もっと人生に関わるためには、**過去や未来に生きる癖を克服**しなければなりません。そして、自由で意識とモチベーションを持つ人間として、あなたが毎日、一瞬一瞬、選択できる役割と責任をもっと自覚する必要があります。

◆——思いきって〝過去〟は忘れ去っていい！

大半の人はバイタリティーが足りません。その理由は、無意識のうちに、または取りつかれたように、過去や未来に意識を向けるあまり、現在を全力で生きることができていないからです。

翌日または前日に、人生を感じることはできません。懐古主義やバカバカしい未来予想をやめ、現在の人生に戻りましょう。

まずは、過去の放棄から始めます。

昨日のことや、数日前のことを考えても、役に立つことはほとんどありません。嬉しかったことを思い出したり、「現在」役に立つ教訓を探したりするのはかまいませんが、それ以外の過去はすべて放棄するのが一番です。今という瞬間の喜びや自由に深刻な影響を及ぼすからです。

この作業は容易ではありません。昔に戻りたいという人もいれば、現在の人生における不満を過去のせいにする人もいますが、いずれにしても、ほとんどの人は過去への執着が中毒のようになっているからです。

その代償は、自発的な行動が取れなくなること。つまり、**美化された思い出あるいは恐怖の思い出を反映したアイデンティティーに基づいて行動するようになる**のです。

自発性はその人が自由であることの証であり、前向きであれ後ろ向きであれ、昨日のことが頭から離れない人は、今という瞬間の中で本当に自由でいることはできません。

こう言う人もいるでしょう。

「ですが、私は今日よりも昨日が好きなのです。今日の自分と向かい合うよりも栄光の日々に注目して、過去の自分を思い出していたいのです」

こういう発言をする人は、パーソナル・パワーを放棄した人です。彼らは使命を持って生きているのではなく、過去の思い出の集合体になってしまったと言えます。

意志が弱く、志も持たず、思い出の中で延々と時間をムダにし、人生を前に進められずにいます。

過去から抜け出すには、目前の今日という日の中にあるということに気づかない限り、人生は懐かしい思い出のままでしょう。

もう一度人生にモチベーションと栄光をもたらすには、**今という瞬間に再び集中できるよう精神を鍛え直し、本当の自分に戻り、今日また活動的になること**です。

こうして意識的に志を持ち、注意を払わない人は、大惨事や深刻なニーズなど、ネガティブな状況が生じて過去からたたき出され、現在に再び注目せざるを得なくなるまで、改善することはできないでしょう。できれば、このような事態の手を借りなくても、現在の人生に再び注目することで、喜びを覚え、もう一度活動的になれるようにしたいものです。

ほんのつかの間だけ、幸せな思い出に浸るために過去を振り返るなら、具体的にどうして幸せを感じたのか、メモを取るようにしましょう。そうすれば、幸せは自分たちが特に強く認識している瞬間に訪れることがわかります。

何かが起こっていることに気づき、感心したり、称賛したりしたはずです。その輝かしい瞬間、美や驚き、喜び、情熱、楽しさ、愛、平和、あるいはこれらすべてを感じたことでしょう。

一瞬にして焦点が定まり、世界が鮮明に見えました。無意味なものは消え去り、有意義なものが拡大し、目に飛び込んできたことでしょう。

この経験は自発的なものであり、新鮮に感じたに違いありません。その瞬間との一体感があったはずです。何かポジティブなものに気づき、それとつながりました。だからこそ、簡単に思い出せるのです。

良い思い出を味わうのは悪いことではありません。ですが、たとえポジティブな過去であっても、幸せに暮らしている家にやって来て、日々の生活や自由の邪魔をする望まれざる客になりえることを忘れないようにしましょう。

たとえ肯定的にとらえているとしても、過去についてあまり長い間考えていると、**今、ここで手に入れられるものを逃してしまう**かもしれません。

私たちが幸せを感じたのは、その瞬間に気づいていたからです。それを忘れてはいけません。この知識を人生の教訓として、最高の活力と共に現在に戻ってくるのです。

一方、過去について、こういう考えを持っている人もいます。

「ですが、私は過去が嫌いです。今抱えている問題の原因はすべて過去にあるからです」

彼らはあざ笑われ、名指しで非難された過去を振り返ることに、まるで取りつかれたようにエネルギーを注ぎます。過去のことは考えたくないと思っていながら、つい考えてしまうのは、彼らが憤りという名の太いロープで、精神的に過去の状況に縛りつけられてしまっているからです。

時が過ぎ、世界が変わっても、不快な思いをした出来事を苦々しく思い、昔抱いた恐怖におびえ、過去の状況の犠牲になっているのです。彼らはいまだに怒りを抱えているか、被害妄想で愚痴ばかり言っているか、あるいは思考をめぐらせ後悔ばかりしています。

過去が私たちの大部分を形づくっているため、ついこうした人になりがちですが、それではいけません。

昨日の不祥事も大惨事も、今という瞬間からは遠く離れた、歴史のゴミ箱の中に存在します。その中を引っかき回す必要はありません。過去の傷をいつまでも引きずっても、活力を失い、今という瞬間から引き離されてしまうだけです。

昨日の辛い出来事が今日の活力を奪うとしたら、意識のレベルを変えるしかありません。

治療を受けなければならない人もいるでしょう。そのほかの大多数の人は、少なくともすぐにネガティブな考えを解き放つ努力をし、代わりにこう尋ねるという選択をする必要があります。

まさに今この瞬間に、平穏と感謝の気持ち、情熱を感じるためには何に注目すべきだろうか？

今すぐに、どんなタイプの人になり、どんなタイプの経験をすることを選択すべきだろうか？

こうした心の状態の人は、人生から離れることなく、本物の前向きな人生を歩むことができます。

◆――このイメージが〝未来の不安〟につながってしまう

多くの人々は明日のことを気にするあまり、今日という日から離れてしまっています。

一部の人は、明日は今日よりも悪くなるのではないかと、ひそかに恐れを抱いています。

彼らは明日何か悪いことが起こるのではないかと思い悩み、横になってもなかなか眠れません。未来に恐怖心を抱いていると、今という瞬間の恩恵を享受できなくなります。

ほかの人々は、明日が今日より悪くなるとは思っていませんが、良くなるとも思っていません。彼らはこう考えています。

「どうしてもっと刺激のある人生を送れないのだろう？　明日もどうせまた同じような1日になるに違いない。代わり映えのしない日課をただ繰り返すだけだ」

残念ながら、彼ら自身が新たな情熱を持って現在の経験をつかむ方法を学ばない限り、彼らの言う通りになってしまうことでしょう。

未来について、さらに別の見方をする人もいます。彼らは夢想家で、自分に何ができるか、ポジティブな考えに思いをめぐらせています。

彼らはしばしば自分の席で、あれこれ明日について思い描き、電話が鳴ったり、誰かがオフィスのドアをたたいたりするまで現実に戻ってきません。

悲劇的なことに、彼らが今という時間に踏み込むことはめったにありません。いつも星に願いをかけるばかりで、地上での経験を楽しみ、人生を前に進める努力をしないのです。

過去を旅するのと同じように、それが喜びをもたらし、何かを学べるのなら、未来を旅することは間違いではありません。

ですが、この旅はなるべく早く切り上げ、時間をムダにしないようにしましょう。それが必要なら計画を立て、夢を見てもかまいません。ただし、目の前の素晴らしい光景を見落とし、課題をおろそかにし、人々から離れてしまわないようにしましょう。

より良い未来を想像するのは細切れの時間があればできますが、より良い未来を築くのは今という時間にしかできません。

どんな記憶を持ち、明日についてどんな夢を抱いているとしても、人生の達人たちは、必ず今という瞬間に注意を戻します。

彼らは昨日の恩恵を受けつつも昨日にあこがれることなく、明日に希望を持ちつつも明日に取りつかれることなく、現在を穏やかに生きています。

彼らは、注意と愛情を目前の状況と周りの人々に向けるようにしています。そして、頻繁にこう自問します。


「今、私は油断していないだろうか？

周りのものに気づき、十分に感じ、すべてを取り込めているだろうか？

この人生を感じられているだろうか？

目の前にあるものと重要なものに、全力を向けられているだろうか？」

◆――現実逃避は長期的な苦しみをもたらす

なかには、このように自問する勇気のない人もいるでしょう。人生から逃げてしまったほうが楽だからです。これを現実逃避と言います。

彼らは目前にある責任や状況に背を向けるほうを選びます。何かに関わると苦労することもあれば、ためらうことなく自分を試さなければならないこともあるため、心理的、感情的、精神的に現在から離れているのです。

こういう人は、妻の頼み事に耳を貸そうとしません。ソファーでゆっくりしていられなくなるからです。また、会社が傾いているという事実に目を向けたくないために、部下とのミーティングを避けている人もいるでしょう。難しい課題をやりとげる代わりに、街に繰り出す学生や、深刻な健康上の問題が明らかになり、死が迫っていることを知りたくないために病院へ行くことを拒む人も同様です。

未熟で意識の低い人は、人生が押しつけてくる苦難を避けて通るほうがまともだと思っています。不快感の原因になっている状況から目をそらすほうが、理にかなっているというのです。

目前の難しい課題をやめて、もっと簡単な複数の課題に目を向けるほうが楽です。ついつい、その場から離れて、逃げたり隠れたりしたくなります。

ですが、そうすることで私たちは人生そのものを避けることになります。**その代償は私たちの存在と能力です。**課題に対応しなければならないのに勇気や自制心が足りない場合、自分の存在を活用したり、自分を磨いたりできず、無感動で幸福感もない人生を歩むことになります。

現実逃避は、一時的に痛みや争いを回避するのには最も適していますが、確実に長期的な苦しみをもたらすことになります。

どんな課題でも、対処しないわけにはいきません。**始めるなら今です。**

妻や夫と込み入った話し合いをしなければならないのなら、今日しましょう。会社が傾きかけているのなら、長期休暇を取ったり会議を欠席したりするのはやめて、仕事に行って目下の課題を解決しましょう。論文の締め切りが迫っているなら、すぐ着手しましょう。健康を害しているなら、病院に行きましょう。

そのほかの行動は、すべて現実逃避です。現実逃避をしている限り、決して平穏や進歩は訪れません。

自由でモチベーションを持った人は、現実から目をそらしません。

彼らは注意深く困難と対峙《たいじ》し、それを自分の信念や強さ、愛情を試すチャンスと見なします。

人生には衝突がつきものだと理解しつつ、自分自身や自分の道を信じているため、人生が何を求めてきても自ら迅速《じんそく》に対応します。

練習を積むことで、**不快な状況でも安らぎを見いだし、本当の意味で人生の達人になります。**

私たちは、こういう人々から学ぶことができます。苦難に直面しても、決して逃げ出さないようにしましょう。そうしないと、この世界、この瞬間から自分たちを切り離し、成長や人生への貢献を放棄することになってしまいます。

痛みや恐怖心に対処することで、それらを克服できるのだということをいつも心に留めておきましょう。苦難を避けるのではなく、苦難と向かい合えば、成功を手にできます。運命が用意してくれた成長の機会を受けとめられれば、運命に気に入られるでしょう。

ですから、こう自問しましょう。

「**人生において、最終的に私が対峙すべきものは何か？**

どんな真実あるいは現実が、私の成長や幸せの妨げになっているだろうか？

今すぐ、それに対して何ができるだろうか？

どうすれば今という瞬間とより深くつながり、今自分に求められている能力を身につけられるだろう？」

◆――達成につながる行動は〝6つの役割のひとつを演じる〟ことがカギ

人生に全身全霊を傾けるとは、現実をよく観察して、常に対処を怠らないというだけでなく、毎日自分の役割や生きる姿勢を積極的に選択することを意味しています。

どの瞬間においても、私たちはこれから説明する6つの役割のうちひとつを、または複数を組み合わせて、演じることができます。

こうした役割に注意を払わずにいると、意図を持たずに人生を送ることになります。しかし、これらの役割を意識すれば、一瞬一瞬、パーソナル・パワーを最大限に活用しやすくなります。**目的意識を持ち、目的にかなった行動を取れるようになる**のです。

目的こそが、現在へと続く最高の橋なのです。

◆――【役割1】常に最良の決断を下す観察者

人生で最初に演じる役は観察者、つまり**意識の高い見物人**です。自己を意識することで得られる恩恵を通じて、この役割と責任を担います。

観察者である私たちは現実を俯瞰《ふかん》し、人生において自分がどんな人間かという全体像と各瞬間に自分がどう行動し、どう反応しているかという細部を観察します。自分自身や今という瞬間から切り離されるのではなく、慎重にそれらを観察するのです。

この役割をマスターした人は、何かを決断すると、それとほぼ同時にそれが正しい決断だったか判断できるようになります。

彼らは何かをしたり、感じたり、考えたりしているとき、それを感知し、それが自分らしいかどうかわかるのです。

また、不適切な決断を下したり、ほかの人に対して失礼な態度を取ったり、大事なことを忘れたりしたときもそれに気づきます。自分のことをしっかりと認識しているからです。

対立が起ころうとしていることを感知し、怒りがこみ上げてくるのを感じつつ、その怒りに任せて行動しないという選択ができます。心の中でこう会話しているような感じです。

「この状況だと腹が立ちそうな感じがする。

今こんな反応をしているのはなぜだろう?

このまま怒りに身を任せて得るものはあるだろうか?

最高の自分として対処するとしたら、この場でなんと言い、どう行動するべきだろう?」

この役は、自分を試す練習を積むことでマスターできます。1日に何回もこう自問するのです。

「立ち止まり、空から人生を俯瞰したとしたら、自分がどんなことをしているように見えるだろう?

それをしている理由はなんだと思うだろう?

今の行動や意図からどんな結果が生じるだろう?

今まさに頭と体と心が本当の意味で感じ、必要とし、求めていると思うものはなんだろう?」

自分自身を感じるという発想を理解すると、自分や人生ともっとつながれるようになります。それを目標にしましょう。

◆【役割2】人生をより良くする知恵を引き出す監督

2番目は**人生を意識的かつ意図的に創り上げる、監督という、より積極的な役割**です。

人生を映画と見なし、自分がそれぞれのシーンを演出し、役者に演技指導しているところを想像してみましょう。

監督はすべてを取り仕切る究極的な計画者であり、各登場人物が何をするか、なぜそれをするのか、次に何をしようとしているのかを決める権限を持っています。

撮影中、毎秒毎秒、カメラがどこに焦点を合わせるかも監督が選びます。説得力があり、意味のある物語を描くために、登場人物について理にかなった選択をするのです。

この単純なメタファーから、人生をより良いものにするための知恵をたくさん引き出すことができます。

現在自分の人生に不満を持っている人々は、自分でシーンや登場人物を監督してこなかった人々です。自分の物語をどう展開するか、何も計画していません。なんらきちんとした意図を持たず、人生におけるさまざまな状況にただふらふらと入り込んだり、そこから去っているだけなのです。

間違ったものに注目し、人生のネガティブな面に焦点を絞ってしまい、美しいものや興味深いものを見逃してしまうこともしばしばです。重要なシーンに場違いな人物を登場させてしまうこともあります。カメラのフレームから少し離れて、全体像を確認することもめったにありません。

彼らは高貴で英雄的な登場人物としてではなく、金切り声を上げながら人生という舞台をうろうろしている泣き虫の子どものように、状況に対応しています。

監督の役割をマスターするには、物語の各シーンにどのような意図があるのか詳しく理解する必要があります。

妻や夫と今夜デートするとしたら、どのようなシーンを展開したいですか？　ディナーの席ではどのような人物になりたいですか？

どんな服に身を包み、どんな口調で話したいですか？

相手が1日の出来事を語ったら、それにどう答えたいですか？

どのような仕掛けを用意したら、退屈なシーンにならないでしょう？

どうすれば、自分たちの目を通して、この夜をロマンティックなデートとして描けるでしょう？

この登場人物にまつわる物語はどこへ向かうでしょう？

自分自身を描いた映画の監督役を務めることで、自分という登場人物の全体像や人生を貫く構成を選ぶ能力が身につきます。

強いキャラクターでしょうか、弱いキャラクターでしょうか？

高貴な人物でしょうか、わがままな人物でしょうか？

ストレスを感じているでしょうか、穏やかでしょうか？

気まぐれでしょうか、落ち着いているでしょうか？

1日1日に登場人物の人となりが表れているでしょうか？

もしそうなら、どんなことが表れていますか？

人生における次のシーンでは何を表現し、どんな人物になりますか？

いずれも重要な質問です。これらの質問をしないと、自分の人生の物語に集中できず、物語の中をさまようことになります。

さらには、**ほかの人々の人生の脇役になり、大衆の調和ばかり強調する退屈な、より大きな物語に流されてしまいます。**

ですから、もっと注意が必要です。私たちの人生はどんな物語を描くべきでしょうか。思考や行動をどう監督したら、そのビジョンを実現できるのでしょうか。

◆──【役割3】くだらない〝情報〟や〝人々〟から自分を守る守護者

注目に値する3つ目の役割は、心や体、魂を守る守護者です。

人生の門の前に立ちはだかり、**ネガティブな情報や人々、習慣といった迷惑な感染源から身を守るのが使命**です。

この役割を務められないことが、どれだけあるでしょう。私たちは役に立たない情報やくだらない話、愚かさが頭に侵入するのを許しています。

まるで、私たちの人生と関連するかのように見せかけて注意を引いたり、提供したりされる、わいせつな言葉や画像、音声を黙って消費しています。

たとえば、情報メディアは無知で過激な意見を、あたかも私たちを啓発するもののように扱っています。そして、テレビ局は裕福な家庭に生まれて甘やかされて育った、一握りの人々のありのままの姿を報じたら人々が面白がると思い込んでいます。

また、企業のホームページは、自社の商品を持っていないと惨めに感じるように仕向けます。いずれも私たちを賢く成長させるどころかわずかな知識しか提供せず、楽しませるどころか感覚を麻痺《まひ》させ、豊かにするどころか貧しくしています。

消費するものすべてが、私たちの血となり肉となります。

まことしやかに語られる、疑似事実やスキャンダルといった無用の情報は、私たちの頭に残り、後になってから愚かで大げさな話だったことがわかります。テレビで心の狭い人々を100万回観たら、私たちはもっと心が狭くなります。

心の守護者として、私たちは陳腐なものやネガティブなものが簡単に入ってこないようにしなければなりません。

頭に入れる情報をもっと意識するべきです。何かを学び始めるのなら、目的にかなった情報源を選び、人生を前進させてくれるような前向きで力になる情報を脳に与えるようにしましょう。

娯楽が欲しいのなら、本当の意味で活力が得られるような、人生を深く理解し、称賛できるようになる形態の娯楽を選ぶことです。

いずれの場合も、私たちは健全で活発な心を守る守護者の立場から離れないようにしましょう。**何を見て、何を聞き、何が脳に入るのを許すかによって、人格が形成され、ひいては運命をも左右する**のです。

また、体も守らなければなりません。偽物の食品があふれる大量消費文化の問題は、ついつい良識よりも便利さを優先してしまうことにあります。体に良い本物の自然食品ではなく、すぐに手に入る甘いものを選んでしまいます。

社会全体が守護者というより大食漢となり、体に悪い食べものを胃に詰め込み、心と魂が宿る体に無意識のうちに毒を盛っているのです。

ほとんどの人は他人の持ち物を壊したら罪悪感を持つのに、創造主が与えてくださった自分の体を壊しても気にしません。

これからは口に入れるものにもっと注意して、健康を守るようにしましょう。健康的な食事をして、健康的な暮らしをするための情報には事欠きません。

1回の食事の量を少なめにして、自然食品と野菜を中心とした食事を心がけましょう。加工食品や、どうやって読むのかもわからないような難しい名前の材料を含む食品は控えることです。砂糖をたくさん取るのもやめましょう。

また、もっと体を動かし、週に数回運動して、健康で丈夫な体を保ちましょう。もっと水を飲み、もっと眠ることも大切です。

こうした情報はすでにどこかで聞いたことがあるでしょう。必要なのは、自分の体をいたわることに改めて力を注ぐことです。体のエネルギーが衰えるままにしておくと、間もなくモチベーションも下がってしまいます。

同様に、人生で関わる人々についても注意深く検討しましょう。横暴な人やずるい人、不快な人が周りの環境に悪影響を及ぼすのを許してはいませんか？

あなたの可能性をつぶすネガティブな人々は誰でしょう？

なぜ、彼らはあなたの空間に入ってくるのでしょうか？

いつも傷つけられるがままになってはいませんか？

悲観的な人や嫌悪感の塊のような人に囲まれてはいませんか？

こうした人々は、ひとり残らず追い払いましょう。**そのうち向こうから去って行くことを期待してはいけません。** あなたが甘い顔を見せている限り、いつまでもぐずぐず居座るからです。

人生における幸せと人間らしさを守る厳しい守護者になれるかどうかは、自分自身にかかっています。それには直接相手に去ってほしいと頼んだり、態度を改めるように伝えたり、もっと優しく、協力的になるよう諭さなければならないこともしばしばです。

誰もそんなことはしたくありませんが、有害な人から自分を守るのは自分の役目です。

同様に、前向きで、親切で、刺激を与えてくれる人々に囲まれているようにすべきです。人生の門から彼らに呼びかけ、自分の仲間に迎え入れたり、家に招いたり、彼らの考えや人生をあなたと分かち合うように頼んだりしましょう。

◆──【役割4】情熱と不屈の精神を持つ戦士

次のタイプは、戦士です。

家にこもっていて、人生に何かが欠けているのに気づいたら、立ち上がり、目的意識を持って、その何かを求める冒険に出る必要があります。

勇敢に情熱と不屈の精神を持って夢を追いかけるのです。恐怖心をかなぐり捨て、強い信念を持って必死に努力し、あらゆる障害と戦いながら突き進みましょう。

勝利を収め、宝物と栄光を手に帰還し、人生の戦場には私たちの勇気と力をたたえる伝説だけを残すようにするのです。

人生の達人になるための長い苦難の旅に出る覚悟をしなければ、ひとかどの人間になることも、何か重要なことを成し遂げることもできません。

次の戦いに勝つにはどのような武器が必要か考え、その武器をすぐに手に入れましょう。どんな仲間と共に進めば、次の山を越えるための協力が得られるかわかったら、こうした人々とすぐに会い、彼らを仲間に加えましょう。

さらに高いところまで登り詰めるには、何を犠牲にしなければならないか理解したら、旅を続けるうえでそれが重荷にならないように今すぐ捨てましょう。

戦士の役を演じるには、人生で深く関わっている物事すべてを検証する必要があります。戦士はこう自問します。

「人生において、私はなんのために戦うべきだろう？

どうすれば、愛する人たちに名誉と豊かさをもたらすことができるだろう？

どんな冒険をしたら、生きているという実感が得られるだろう？

戦って手に入れるためには、何が必要だろう？

どれだけ準備ができているだろう？」

こうして懸命に努力できるかどうかで、自分がこの世において臆病者《おくびょうもの》か、戦士かがわかります。

そろそろ仕事に追われているふりはやめて、より大きな夢や栄光についてもう一度考えてみるべきかもしれません。正直に勇気を持って、人生を評価しましょう。

「どのくらい一生懸命、夢に向かって実際に努力をしているだろう？

細かい邪魔が入って、進歩が妨げられていないだろうか？

それらの障害と戦い、順調に前進できているだろうか？
頭や体、魂は勝利をつかむ準備ができているだろうか？
本物の信念を持って、人生に専念しながら行動できているだろうか？
それとも、ただとぼとぼ歩いているだけだろうか？
人生のある局面で成功を収めるのに苦労しているのは、犠牲を払い、専念することができなかったためではないだろうか？」

もし本物の夢を持っているなら、そのために戦うことです。自分の魂と家族のために、どん欲で意欲的で、勇敢な戦士の精神を身につけましょう。

戦士の精神に大切なのは、**即応能力**。つまり、すぐに行動に移せるフットワークの良さです。戦士は決断に余分な時間をかけたりしません。ためらうことも口ごもることも、言葉を濁すこともありません。

周りの条件が整っていなくても、はるかかなたの勝利に向かって歩き始め、疲れたり、おじけづいたりしても足を止めることはありません。戦いが必要ならば尻込みすることなく、誰にも遠慮せずに堂々と力を発揮します。

獲得すべきものがあり、地平線のかなたに富が眠っているのに気づいたら、彼らはひたすら前進します。厳粛に真摯《しんし》に全力を尽くし、しっかりとした軸を持って、道をたどって行くのです。足元にどのような混乱や不確かなものがひそんでいても、決して動じません。彼らは類い稀な情熱と強い意志を持ち、訓練を積んできているので、彼らの野心に恐れを成す人もいますが、**その勇気は常に尊敬を集めます**。沿道に立つ人生の傍観者たちはこう言うでしょう。

「ほら、彼らが通るよ。あの人たちは戦士だ。決してあきらめない」

では、私たちはなんのために戦うのでしょう。本物の戦士にとって、これは深く考えるべき重要な問題です。戦士はこうした問題の答えに誇りを持ち、自らの尊厳をかけています。彼らは責任を重視し、責任を果たすため、小さな勝利を重ねるたびにそれを記録し、祝い、アイデンティティーに組み込み、同じように戦う仲間たちと喜びを分かち合います。

自分は戦士であり、戦士の精神を生み出しているという事実、そして、自分にとって大切なもの、および自分自身よりも大きく重要なもののために戦い、伝説となることを十分認識しています。彼らは、重要なものに人生を捧げているのです。

より強い戦士になるためには、ためらいも言い訳も禁物です。夢に向かって、より懸命により長く、戦いに全力を尽くさなければなりません。

ですから、まだ始められずにいることと、それを始められない言い訳をすべて書き出してみましょう。

人生において弱い部分、一向に進歩しない部分は何か、よく考えてみるのです。そして、改めて夢に専念し、何が起ころうとも、途中にどんな障害が待ち受けていようとも、明日からは勇気を持って夢に向かって突き進むことを決意しましょう。

もう一度、**断固として進歩に執着する**のです。戦士は頑なで厳しく、戦いの目的をはっきり認識し、次の戦いに勝つためのあらゆる技術を身につけることに全力を注ぎます。自分の夢をかなえるため、家族の安全と豊かさを守るため、信念を貫きましょう。

◆──【役割5】愛情を注ぐ優れた恋人

探究の旅においては、誰のために戦っているのかを忘れてはなりません。私たちには守るべき人、私たちを必要としてくれる人がいます。一緒に祝い、気にかけてくれる人がいなければ、どんな勝利を収めても、どんな功績をあげても嬉しくはありません。ですから、恋人の役割を習得しましょう。

恋人はほかの人々に注目し、愛情を注ぐ優れた能力を持っています。彼らは他者に強い関心を持っているので、他者を理解し、気づかい、彼らの人生に有意義な貢献をします。

恋人は心を込めて他者と対話し、周りの人々を敬い、彼らと共感することで、彼らの心を広げようとします。

この役割と責任を全うするのは最も難しいかもしれません。人間関係においては、人生のほかの側面よりも、もっと関わり、もっと注意を払い、もっと目的意識を持って相手を助けることが求められます。

それにもかかわらず、がっかりしたり、心を痛めたり、誰かと別れたりといった結果をどれだけ頻繁に自ら招いてきたことでしょう。あと数分多く時間をかけ、注意を向け、愛情を注げていたら、壊れなくて済んだ人間関係一つひとつについて考えてみましょう。

娘の気持ちやニーズを無視して、怒鳴りつける父親をよく見てみましょう。テーブルで夫と言葉を交わすこともなく、携帯電話ばかり見ている妻を観察しましょう。

愛する人が優しい言葉を求めていたのに、忙しすぎて答えられなかったときのことを思い出しましょう。もっと愛情に注目していたら、こうした状況から悪意や悲しみが生まれるのを防げたはずです。

注意が散漫になりやすい現代社会で、より良い恋人同士になるために一番大事なことは、すでに自分たちを愛してくれている人々と再びきずなを深めることです。これからは周りに気を取られずに愛する人の目をもっとよく見つめるようにしましょう。

そして、もっと相手に質問することです。

本当のところ、彼らはどんな1日を過ごしたのでしょう？

今、どんなことに心血を注いでいるのでしょう?

どうすればもっと元気になり、幸せになれるのでしょう?

もっと彼らとつながり、彼らの役に立つにはどうすればいいのでしょう?

彼らにもっと愛情と感謝の気持ちを伝える方法はあるのでしょうか?

毎日腰を落ち着けて、愛する人々の健康と成長について、自分のキャリアの発展と同じくらいよく考える習慣をつけましょう。

お互いにもっと親しくなれるような日課などをつくることはできるのでしょうか?

また、情熱に火をつけることはできるのでしょうか?

一緒に人生を前進させることはできるのでしょうか?

私たちはみな愛から生まれました。**愛情は人間の本質であり、私たちの心臓は愛と共に脈打ち、愛が加速する力によって、私たちの精神も高まります。**

自分たちの心、ほかの人々の心と再びつながりましょう。そして、私たちの愛が放つまばゆい光に愛する人々が目を見張り、歓喜し、誇りを抱き、生きる活力を得られるくらい力強く、この役割を体現するのです。

◆――【役割6】明確なゴールを持つ〝勇敢〟で〝意欲あふれる〟リーダー

あなたを頼り、手本としている人々もいます。彼らはあなたが指示を出し、行動するのを待っているのです。

あなたは彼らに対して、優れたリーダー役を演じる義務があります。

この世界はリーダーの登場を切望しています。今は**リーダーが足りないため、多くの人々、多くの組織が、暗闇の中を何も見ずに突進しているような状態**です。

社会は、善良な人々の要求や共通の善のための期待に応えるようにだけできているわけではありません。世界は強欲や病的興奮、不寛容であふれています。

本来ならすべての人々が希望と自由、豊かさを得られるように、楽しく一緒に旅するはずが、人々を指揮するリーダーがいないと、無知でプライドが高すぎて、どちらに向かうべきか質問できない甘やかされた人々と共に、方向性を持たずに疾走し、大惨事に見舞われることになります。

私たちは、人類の精神を向上させるための偉大な仕事を再び始めなければなりません。

現代において本物の変化を起こすには、展望を持つこと、そして、自制心を持って、協力し合いながら努力することが求められます。こうした**努力を喚起し、維持するには良い**

リーダーが必要です。

ですから、こう自問しましょう。

「私が影響を及ぼしているこの世界を改善するために、何ができるだろう？

ほかの人々が問題を解決し、夢をかなえるのをどうすれば手伝えるだろう？

何か素晴らしいことを達成するためには、誰に協力を求め、誰に権限を与えるべきだろう？

周りの人々がもっと良い行ないができるように、彼らの潜在能力を解き放つにはどうすればいいだろう？」

もっと多くの人々がこうしたことを考えるようになれば、無意識状態に向かって無謀な運転を続ける社会を止めることができるでしょう。

それでも、リーダー役を引き受けるのを恐れる人もいます。

しかし、リーダー役を引き受けない場合、なんと言い訳すればいいでしょう。人生が終わり、その功績が裁かれるとき、創造主が与えてくれた道具だけでは使命を達成するのに不十分だったと説明しますか。

そんなことはできません。言い訳など忘れて、自分よりも大きな存在に奉仕する義務を思い出しましょう。

歴史を振り返ればわかります。どの時代も重大な転換点で英断が下され、前進できた背景には、**明確な展望と説得力を持った勇敢で意欲あふれる人々の存在がありました。**

あなたも今の世代において、彼らの役割を果たしましょう。

あらゆるところでリーダーシップが求められています。世界が危機に瀕《ひん》している今、時代の要請に耳を閉ざしてはいけません。

今住んでいる地域やコミュニティーで、ボランティアをしたり、リーダーとして活躍したりすることもできるでしょう。ビジネスにおいてもまだまだ活用できていない潜在能力があります。

ですから、これからは全力を尽くしてこうしたニーズのある分野を探し、周りの人々を高め、有意義な努力と奉仕のため、もう一度人々を団結させましょう。

世界を改善するために、もう一度リーダーシップを発揮するのです。

◆――すでに、あなたは〝今〟〝この瞬間〟をものにする力を持っている！

私たちはどの瞬間においても、観察者、監督、守護者、戦士、恋人、リーダーの役を演じることができます。

意図的にこれらの役のスイッチを入れることができれば、**これまで想像したこともな**

かった方法で、その瞬間を自分のものにできます。モチベーションが高まり、人生を取り戻せるはずです。そして、全身に活力がみなぎることでしょう。

人生におけるこれらの役割を、すべて同時にマスターできる人はいません。しかし、これらの役を無視すべきではありません。さっそく今日から、これらの役を学び、より大きな存在感と力を持って演じられるようにベストを尽くしましょう。人生のどの瞬間も気づかないうちに無為に過ごしてはいけません。それを理解している人は、開眼し、日の光を浴びることができます。

何があっても人生から離れないという選択を続ければ、温かい希望の光を感じることができるでしょう。今日直面している現実から目を背け、もっと良い日が来ることばかり願ってはいけません。

今という瞬間、それがもたらしてくれるもの、私たちがそれに捧げるすべてのものを尊重しながら生きることを学ぶのです。

どの役を演じるか、世界にどう反応するかは自分で選択できます。そのため、私たちの人格や運命は次第に目的に沿って形成されていくのです。

こうした努力を行なえば、生き生きと生きるために神から与えられた一瞬一瞬の時間がいかに莫大で自由であるか、改めて気づくことでしょう。

宣言2

自分の計画を取り戻す

2. We Shall Reclaim Our Agenda

〝すぐやり〟〝あきらめず〟予定通りに自分を動かすには？

「どんなときも、今日という日は、心穏やかに偉大な目標を持って働く人のものである」
ラルフ・ワルド・エマソン（アメリカの思想家）

人間には、自立と自由へ向かって進もうとする性質があります。自分らしく生き、夢を追うという欲求以上に、私たちの魂を激しく燃え上がらせるものはありません。

ですから、**毎日自発的に自分らしく、大切に思う活動に取り組んでいると、大きな喜びに満ちた人生が送れます。**一方、周りに合わせながら、全く情熱を感じられないことをする日々が続くと、非常に惨めな人生を送ることになります。

これらの真実から、個人としての1日を何日過ごせているかを見れば、どれくらい自由を表現できているか、あるいは表現できていないか、測定できることがわかります。

今日、本音や誠実な気持ちを表現し、内なる力を発揮して、自分らしく生きられましたか。注意が散漫になったり、無意味な努力を強いられたりすることなく、1日のほとんどの時間を有意義な活動に費やせましたか。

人生は、日々いとも簡単に私たちの手から奪われてしまいます。何を求めていたのかを忘れ、違うものに気を取られることもしばしばです。

他人に言われたことをし、多くのことを引き受けすぎて、自分にとって大切なことをする時間がなくなってしまいます。これが、多くの人々が直面している現実です。

ですが、自由と偉大さを手にするのは、自分の1日を過ごす方法を身につけた人々です。彼らは人生の計画や方向性を、多くの人々とは全く異なるレベルでコントロールできます。そして、毎日自分にとって意味のある日々を送っています。

1日1日、それぞれの運命に向かう力が蓄積されることを知っているからです。人生の終わりに創造主の前に立ち、質問に答える様子を想像しているかのようです。創造主はこう尋ねるでしょう。

毎日、毎日、私が与えた時間を、目的を持った存在になるために使いましたか？

自分の道を進み、時間を有効に使いましたか？

私があなたの魂にまいた夢の種を、どれだけ誠実に育てましたか？

彼らは朝目覚めるたびに、いずれこれらの質問をされることを意識しています。毎朝、目標という名の輝く槍《やり》を未来という草原のかなたへ投げ、それを拾いに行くという使命を達成したら、またさらに先へと槍を投げるのです。

目標を達成するため、集中し、固い意志を持ち、熱心に日々奮闘します。彼らは道を見失ったように感じても、心に余裕を持ち、立ち止まってこう考えることができます。

「正しい道を進んでいるだろうか？

求めているものに向かって前進できているだろうか？」

道を外れて絶望と誘惑であふれる谷に迷い込んだことに気づいたら、頭を上げ、見晴しのきくところまで上り、自分がどこへ向かっているのか、それが本当に行きたい場所かを見定め、輝く槍を見つけて、その方向を目指し、より大きな運命へと続く地平線を再び見つけます。

こうして彼らは驚異的な使命感を持って前進を続けます。人生の目標を掲げ、毎朝、自らの大義に誠実に、情熱に燃えながら目覚めるのです。

彼らは**どんなに苦労し、辛い思いをしても決してあきらめません。**そして、いつも自分の目標を遠くに定め、それを追い求め、そこへ続く道を見つけ、夢の土地へたどり着くか、道半ばで命を落とし天使に迎えられるまで、どんな障害も乗り越えて進みます。

彼らはふらふらさまよって時間をムダにすることも、他人の目標を記した横断幕を掲げて歩くこともありません。

彼らが掲げる人生計画を、方向性も情熱も持たず、努力することを恐れる世界中の落伍者や不平家の生き方と比べてみましょう。こうした人々は、世界に向かって自分の目標を示すことができず、できたとしてもほかのことに気を取られて、最後まで目標を追うことができません。

目の前の仕事ばかりが気になって、自分がどこへ向かっているのか見えず、取るに足らない作業をこなして、前進したつもりになっているほうが好きなのです。

彼らは恐怖心が強すぎたり、怠惰な性格だったり、ほかの人々から多くの要求を突きつけられたりして、自分の夢を追うことができません。心から何かを求めて、自制心を持って努力することもありません。

どうして前進できないのか、どうして山頂を極められないのか、言い訳やつくり話を繰り返すばかりです。私たちには潜在能力を最大限に活用する責任があるということを、自覚していません。

彼らは、**自分がどういうわけか人生の計画を持っていない、あるいは計画が明確でないという事実を無意識に避け、あるいは無言で否定しながら、生きているのです。**

したがって、彼らの魂に偉大さの焼き印が押されることはありません。自分自身や自分の使命に忠実に誠意を持ち続けることができないからです。

人間はみな、目的という名の槍を持った努力家か、いつもほかのことに気を取られ、言い訳ばかりしている落伍者かのどちらかです。

あなたの現実はどちらでしょう？

ほかの人々の要求に応え、世間の誘惑に負けて目標を見失い、人生に方向性を持てないままでいますか？

それとも、1日1日を自分のために生きるにしても、他人のために生きるにしても、喜びを抱いて生きるにしても、後悔ばかりしながら生きるにしても、目的を持って生きるにしても、無為に生きるにしても、数日はやがて数週間、数カ月、数年、数十年となり、ひいては一生となるという事実をそろそろ真摯に受けとめますか？

今日こそ、他人に合わせたり、誘惑に負けたりして手放してしまった人生の計画を取り戻しましょう。人生の目標を持ち、素早く、せっせと目標に向かって動き出すのです。

日々努力と勝利を重ねるだけで、重要性と勢いが増し、集中して自由に生きるための、誰にも止めることのできない力が得られることを忘れないようにしましょう。

それまでは、手帳を見るたびにイライラしていたとしても、人生の計画をどう立てるかによって、手帳が美しく見えてきます。人生の喜びや自由と飛躍へ向けた、目覚ましい前進の記録になるからです。

無意味な仕事の予定を詰め込むのをやめれば、次第に喜びや目標の基準やレベルを高めることもできます。

そして、**高い意識を持って注意深く時間の使い方を決め、計画を立て、それらを守ることで、運命を取り戻し、達成感を味わいながら毎日暮らしていけるようになる**のです。

とはいえ、それにはほかの人々や無意味な物事に人生を捧げ、スケジュールを割いてしまう習慣を、強い意志を持ってじっくり見直す必要があります。

もっと断るようにしましょう。そして、一層人生に集中するのです。自分の時間と夢と魂を守るために、もっと一生懸命戦わなければいけません。

これからは日々の過ごし方や、その結果自分がどんな人間になっているかを真剣に考えるようにしましょう。有意義な人生の目標と楽しみを本気で追求するのです。

今こそ時間の価値を見直し、世間の誘惑や無意味なことに人生を浪費するのをやめましょう。自分の道を進み、自分の1日を取り戻すのです。そのためにこう宣言しましょう。

「**自分の計画を取り戻す**」

◆──「作業をこなす1日」を、ただただ過ごしていないか？

人生の計画全般を自分でコントロールできていないとしても、大半の人はそれに気づいていないか、認めようとしません。

では、自分でコントロールできているか、どうすればわかるでしょうか。独自の人生という道から外れていることを示す印はなんでしょうか。私たちの目の前には厳しい現実と、かすかなヒントしかありません。

本当の自分を表現できず、人生に継続的な喜びや活力、満足感が欠けているとしたら、自分の計画が実行できていないことは明らかでしょう。ほかの人々に合わせるばかりで、退屈で骨が折れ、不満に彩られた人生を歩もうと計画する人などいないからです。

失敗するのが怖い、毎日悲しみを感じながら生きている、自分が歩むべき道を順調に進めていないなどの理由で、いつも夢から逃げているとしたら、日々自分の感情や方向性に責任を持てていないと言えるでしょう。

さらに、こう自問することもできます。

職場の同僚に合わせすぎて、もはや自分自身ではなくなっているのではないだろうか？

両親や友人、恋人を喜ばせるために自分とは別の人間を演じてはいないだろうか？

よく検証せずに本心に背いて何かを信じたり、行動したりして、問題を招いていないだろうか？

私という人間や私が求めているものを、周りの人々は理解していないのではないだろうか？

自分が何を望んでいるのか、なぜこの仕事、教科、趣味を選んだのか、なぜ今の生き方にとらわれているように感じるのか、よく考えずにほかの人々に追随してはいないだろうか？

つまり一言でいえば、とらわれていると感じているのです。

人生のどんな場面でも、檻に入れられていると感じたら、それは人生計画を持っておらず、周りに合わせなければならないという思いが足かせになっているのでしょう。**ほかの人々に尽くし、一般的な考えや他者の期待の奴隷になり、望んでもいないゲームに参加している**のです。

自分で人生の計画をコントロールできているかを示すかすかな印は、自分の人生について、いつもどのように感じているかです。

必要だと思うものをすべて手に入れ、あらゆる指標が満足な人生を送っているはずであることを示しているのに、それでもスイッチが入っていないように感じたら、何か問題があることがわかります。

誰かに「調子はどう?」と聞かれて、すぐに心から幸せな気分で答えを返せないとしたら、人生における自分独自の道から外れているのです。

真剣に考え込んだ揚げ句、「うん、そうだね。まあ大丈夫」といった、ありきたりな返事をしているとしたら、なおさらです。

大丈夫というのは、同調している証拠です。

情熱が少しずつ私たちの血管から流れ出ているとしても、かろうじて大丈夫と答えるでしょう。

完全に飽きていても**大丈夫**。

他人に言われたことばかりしていて、それに嫌気が差し、うんざりしていても**大丈夫**。

誰かほかの人が奏でる曲に合わせて、延々行進を続けていても**大丈夫**。もっと冒険し、もっと情熱を持ち、もっと造詣《ぞうけい》を深め、もっと創造的な表現をし、もっと貢献し、もっとやる気を出し、もっと独立し、もっと自由になり、もっと自分の1日を生きたいとうずうずしていても、**大丈夫**です。

かろうじて大丈夫と言える程度の状態のとき、私たちは生きているとは言えません。私たちだって、息をのんだり、わくわくしたり、感激したり、素晴らしい驚異的な偉業を成し遂げたり、感謝しきれないほどの思いを抱いたりするべきです。

自分にとって大切なことなのに、それを口に出すべきではないといつも感じてしまうのも、問題があることを暗示しています。欲しいものがあっても、それを口に出さなければ、頼まれた仕事だけこなし、人生で出くわすものをなんでも受け入れることになります。

ですから、こう自問しましょう。

「私がどんな人間か、世間は知っているだろうか？
家族や友人は私がどんな人間で、本当は人生に何を求めているか知っているだろうか？
仲間やリーダーは私が本当は何を学び、なんのために働き、何に貢献したいと思っているか知っているだろうか？」

もし知らないとしたら、それは私たちがはっきりと自分を表現したり、主張したりしていないからです。こうしたことを口に出せないのは、否定されるのが怖いか、「彼ら」が求めるものに合わせなければならないと、不健全なほど強く感じているからです。

周りに合わせるための沈黙は空虚です。命が奏でる音もなければ、個性が脈打ち、弾け、とどろくこともありません。

この沈黙の中に苦しみが根を張ります。自己主張し、自分が欲しているものや求めているものを世界に向かって告げることは、自由に生きるために欠かせない行動だということを忘れないようにしましょう。

自分自身の計画に則って人生を歩めていない最後の明らかな証拠は、恒常的な集中力の欠如です。現代社会では、絶えずあらゆるものに気を取られ、人生の目標を奪われ、進歩を妨げられてしまいます。

集中力を取り戻せるか、技術や道具に依存するリスクを冒すことになるのか、人類は将来を左右する重要な岐路に立たされています。

技術や道具には魂もなければ意図もないはずですが、人間が技術や道具をコントロールするのではなく、技術や道具が人間をコントロールするようになっています。人類はどんどん自ら生み出した道具の奴隷になっているのです。

情報をチェックしたり、更新したり、スマートフォンやタブレットをいじったりしているうちに、毎日何時間も過ぎてしまいます。

これは、なんのためでしょう。私たちは決して自分の選択ではなく、無意識のうちにデジタル情報に流され、漂っているようなものです。そして、おぼれ始めています。

有意義なタスクに取りかかっても、すぐに無関係なものが気になって仕方なくなります。

もはや「インターネット依存症」や「アプリ性健忘症」にならずに、1日たりとも過ごすことはできません。延々とクリックしたりスワイプしたりしながらだらだら過ごす時間で、1日の流れが中断されるようになると、私たちは勢いを失い、本物の目標も持てなければ成果もあげられなくなります。

多くの人々は効率的に働き、数々の仕事を抱えて忙しそうに見えますが、彼らはありとあらゆる取るに足らないことを際限なく追求しているのです。

すべてが数値化される現代では、何時間眠ったか、何歩歩いたか、何キロカロリー消費したか、いくつのウェブページを閲覧したかも確認できます。そして、人々はあらゆる個人的な行動を写真や動画で記録に残します。

それにもかかわらず、自分自身のことについては何もわかっていません。**自分の魂を見つめるよりも、自分に関わる数字をチェックすることに時間をかけている**からです。

人生経験をデータ化するばかりで、掘り下げようとしません。

こうした数字を調べるのは、自分を向上させるためのはずですが、どうすれば失った感覚を取り戻せるのかは見当もつきません。数字ばかりを追ううちに、自分の人生から離れ、下世話になり、ほかの人々の生活の隅々まで興味本位でのぞき見しながら、相手とつながっている気分になったり、それを楽しんだりするようになります。

何かを測定し、監視し、向上させたければ、自分の物語、自分の役割、自分の行動を測定し、監視し、向上させましょう。

自分がどんな人間か、世界をどのように経験し、世界とどのように関わっているかに意識を集中させるのです。

人生の計画を取り戻すには、こう自問することです。

「現在の自分や、これからなろうとしている自分に誇りを持っているだろうか？

自分の行動や世界への貢献に満足しているだろうか？

今日という日や、今日手にした機会に感謝しただろうか？

目的意識を持って自分を導き、最も自分に忠実に生き、最善を尽くせただろうか？」

こうして、自分自身について調べるようにしましょう。そうすれば最終的にそれだけが重要な基準となるはずです。

パソコンやスマートフォンなどをいじりながら誘惑に身を任せ、デジタル情報の流れという深い忘却の世界にとどまるか、あらゆる雑音をものともせずに見晴らしのきくところまで登り、ついに人生で本当に重要なことに再び集中できるかを左右する、決定的な瞬間が訪れます。

デジタル情報の誘惑に身を任せたままでいたらどうなるか、勇気を持って考えてみましょう。「デジタル依存症患者」は、飲みに行かずにはいられないアルコール依存症や、カジノに入り浸るギャンブラーと変わりません。

端末を常にチェックしていなければ気が済まず、毎朝起きるとまずほかの人々から届いたメッセージをチェックし、誰かが数時間または数分前に気まぐれに頼んできたことを見落としていないか、いつも気にしています。

次に、彼らは夢をかなえるためではなく、ほかの人のニーズや依頼に応えるために時間を割きます。そして、相手が影響力のある人であろうと何も考えていないような人であろうと、全員に対して同じように大急ぎで一生懸命返信します。

他者の要求に応えることが依存のようになっている彼らは、相手を区別せず、優先順位もつけません。こうして、ひたすらすべてのメッセージに対応するだけで1日が過ぎてしまいます。

将来のビジョンはなく、ただ反応するだけです。ほかの人から後れを取らないかと自分で自分の恐怖心を駆り立てているのです。

彼らに人生の目標らしいものがあるとすれば、それはとにかく**すべての「作業をこなし」、激しい競争においてほかの人々に「追いつく」こと**ですが、そもそもこの競争に参加したのは間違いですし、称賛されることもありません。

自分の人生を導く責任を取り戻し、何があっても再び有意義な目標に向かって毎日前進する勇気さえあれば、このような運命を背負う必要はありません。

今日からは、自分が求めるものや特に注目すべきものは何か、もっと意識することを選択しましょう。

有意義なものは何かを、はっきり理解しましょう。

では、人生の計画を自分の手に取り戻せたか、どうすればわかるのでしょうか。それには明確さと方向性と進歩に着目することです。

明確に人生の計画が今どのような状況にあるかを把握するには、人間の経験はすべて意味のある活動か意味のない活動のどちらかに分類できることに気づく必要があります。

分類すれば、1日1日を評価するときに必ず明確な区別ができるようになります。

私が、毎日人生を送る中で行なっていることは有意義だろうか？

日々仕事に追われているけれど、この仕事は私が生涯の仕事と感じているものと一致しているだろうか？

答えを決めるのは自分自身です。こう自問することで、すべてを再評価することができます。つまり、**世界が私たちにもたらすあらゆるタスクや責任、機会が目標に合致しているか、活力や満足感を与えてくれるかを検証する**のです。

そして、この基準に合わない活動については、それをしなければならないという思い込みを平然と永久に捨て去る必要があります。

この作業をためらう人もいるでしょう。

「でも、自分の答えが気に入りません。おわかりいただけないとは思いますが。これはひどい仕事かもしれませんが、それでもやらないわけにはいかないのです。就業時間に何をするかは自分で選択することではありません」と彼らは言います。

こう思い込んでいる人々は、時間をかけ、成長しない限り、真実に気づくことはないでしょう。

究極的には、仕事も私たちの感情と同じく、ひとつの選択なのです。労力を傾けるかどうかは、自分にかかっています。今の仕事が好きでない場合、選択肢は3つだけです。


ひとつ目は、自分のしている仕事を嫌い続けること。

2つ目は、見方を変えて、目の前の仕事に意味や喜びを見いだすこと。

3つ目は、情熱の持てない仕事を辞めて、心の底から楽しめる仕事を見つけること。


人は誰でも、いつか責任を全うしたうえでできるだけ早く、3つ目を選択することを望むでしょう。

では、仕事が嫌いだったら、必ず辞めなければならないのでしょうか。そんなことはありません。どんな仕事でも、続けていくうちに成功することはあります。どのような経験という土壌でも偉大さを育てることはできるからです。

とはいえ、偉大さの種は、嫌いな仕事の奴隷となり苦々しい思いをしている人の心よりも、仕事を愛している人の心の中のほうが早く育ちます。

嫌いな仕事に一生を捧げる人もいますが、それは彼らがこう自問する決意ができないからです。

「もっと心から打ち込み、達成感が得られるものを探しに行けるだけの自由と強さが得られたら、私はどうするだろう？

この世界が私の求めているものを与えてくれないのは、注意が散漫で、目標に向かって進む訓練ができていないせいで、そもそも何を求めているか明確に伝えられていないからだとしたら？」

勇気を持ってこう問うことで、重い腰を上げ、自分の中の新しい種類の願望や強さを引き出すことができるのです。

◆―〝願い事〟をするより〝計画〟を立て朝スタートダッシュを切る

あなたのマニフェストを書き出してみてください。

あなたは前に進まなければなりません。現在の人生経験を評価し、日々の努力が自分たちにとって有意義かどうか明確に理解するだけでなく、新しいもっと積極的な生き方を見いだすのです。

今この瞬間から、どんな使命を持って生きよう？

どんな行動計画を立てよう？

どんな手順を踏む必要があるだろう？

ただ考えるだけではありません。**今すぐ腰を落ち着けてペンを取り、今後の人生において何に注目するか、どのような方向性を持って生きるかを書き出していきましょう。**

宣言と進むべき方向を書き、見直し、更新し、それらに沿って生きなければ、群衆にのまれてしまいます。

そして、自分が何を望み、目標としているかにかかわらず、「彼ら」が進む方向、彼らが私たちを導きたいと思う場所へ、風任せで連れて行かれてしまうでしょう。私たちはそんな人生を求めているわけではありません。

ですから、情熱が燃え上がり、いくつもの選択肢が与えられている今という人生の素晴らしい瞬間に、じっくり腰を落ち着けて書きましょう。**今夜自分の夢を書きとめることで、明日からまた自分自身の日々を生きられるようになる**のです。それには、次の質問をすることです。


人生で心から追い求めているものはなんだろう?

心から生み出したいと思うもの、貢献したいと思うことはなんだろう?

毎日、世界にどのような人間として見られたいだろう?

どんなタイプの人を愛し、共に人生を楽しみたいだろう?

気弱になったり、ほかのことに気を取られたりしたとき、どのような偉大な使命を持っていれば前進し続けられるだろう?

私が残す最高の功績はなんだろう?

これらの努力を始め、続けていくには、どのような段階を踏む必要があるだろう?

今週、今月、今年の目標を達成するために、どのような毎日を送ればいいだろう?


これらを書き出し、それをマニフェストにしましょう。自分の人生がどうなるか宣言し、書き残すのです。

書き残していない人は、自分で人生をコントロールできているという思い込みを捨てる必要があります。

自分で方向性を決められない限り、私たちは周りに合わせることしか考えていない船長が舵《かじ》を取る船のように、惨めな人生を送ることになってしまうからです。

目的を持ち、時々人生について考えるだけでは不十分で、どんな人でも周りに合わせ、無用なものに気を取られて日々をムダに過ごすようになってしまいます。

国家が宣言や憲法、法律を文書にするのには理由があるのです。社会がどれほど強くても、その社会の意図や文化、民意がなんであれ、方向性を示す文書を残さない限り、人間の行動は予測不能なため、すべてが失われかねません。

だからこそ、マニフェストを書き残し、見直し、自分で設定した計画に則って行動しなければならないのです。

書き出す作業がすべて終わり、明日目覚めたら、**目標に向かって、マニフェストを達成するために、1日の計画と1週間の計画を立てましょう。**そして、これらのために戦うのです。

朝の時間を使って目標を思い出し、その日の具体的な目標をすべて書き、スケジュールを決めましょう。**この作業のために朝一番の素晴らしい時間を捧げるのです。**

この貴重な時間をムダにしてはいけません。夜見た夢は朝日が昇ると忘れてしまいがちです。世界が間違ったニーズを私たちのほうへ押しつけてくる前に、まっさらの朝の時間を使って自分自身のスケジュールを立てましょう。目覚めたら、目標を書き足すのです。

今日、私はどんな人間になるだろう？

どのような夢を追うだろう？

何が起ころうと生み出したいもの、達成したい目標はなんだろう？

誰に利益をもたらし、誰を愛し、誰に感謝するだろう？

今夜枕に頭を預けながら、どんな行動や経験に達成感と感謝の気持ちを抱くだろう？

これは意図を持ち、自立して生きることです。モチベーションを持つ人はこういう生き方をしています。より自由な人生の証とも言えるでしょう。

これ以外はすべて単なる願い事に過ぎず、徐々に凡庸になり、ただ状況に反応し、高い意識を持たずに生きる退屈な人生へとつながります。

◆──もっともっと断ろう！　他人の人生に責任を負う必要はない！

人生を取り戻せると聞いても、そんなことは無理だと思う人もいるでしょう。

それは、彼らが自分の可能性を疑っているからではなく、ほかの人々のために可能性を犠牲にしなければならないと感じているからです。彼らはこう言います。「あなたにはわかりませんよ。みんなのニーズに応えなければならないのです。周りのみんなを愛し、彼らの世話をしなければならないので、1日をどう過ごすか、自分で選択することなどできません。愛や義務のために、自分の夢や有意義な目標を追い求めることをあきらめなければならないのです。みんなを喜ばせなければならないので、前進し、自分自身の喜びや自由を得ることはできません」

こうした人々に必要なのは、**時間と成長、そして、すべては選択だということに気づくこと**です。

周りの人々に、あなたの前進を阻むことはできません。それを否定することは、犠牲者としての人生を受け入れることにほかなりません。あなたの1日は究極的にあなたの選択で決まるのです。

では、どうすればよいでしょう。望み通りの人生を送るためには、あなたを必要とするすべての人から逃げなければならないのでしょうか。

恐らく、自分で選んだ人生の役割を果たしつつ、願望と夢を守る新しい方法を身につけるほうが、賢明な選択と言えるでしょう。

良い母親でありつつ、夢に向かってひたむきに努力を続けることもできます。日々の目標を達成すべく努力しながら、リーダーとしてほかの人々がより多くの成果をあげられるように手伝うこともできます。

人生の計画を維持しつつ他者のニーズに応えるためには、断ることの驚異的な力を学ぶ必要があります。

職場でちょっと用事を頼まれたり、耳が痛くなるほど泣き事を聞かされたりしても、すべての頼み事に応じなければならないという決まりはありません。

これはなにも、それが喜びをもたらすときでさえ、私たちを必要としている人々を愛し、彼らに対して責任を負ってはいけないと言っているわけではありません。

特定の人々を愛し、彼らのために心を砕くことは、間違いなく有意義なことですから、むしろ実行すべきです。

たとえば娘さんをサッカー教室まで送り届けることが、その1日に意味をもたらすのなら、決して夢から目を離したことにはなりません。

ですが、世界の誘惑に負け、無計画に生きている人々やたまたま手にした機会に1日の計画を台無しにされてはいけません。

ほとんどの人々は、断り方がわからないためにストレスと不満でいっぱいの人生を送るはめになってしまいます。

彼らを見分けるのは簡単です。世間の人々が抱える欲望の犠牲になる役をいつも引き受けているからです。彼らの人生は、工場のラインに並び、長時間にわたって他人から与えられたタスクを一つひとつ片づけていくようなものです。

自分で選んだり設定したりしたわけではない締め切りに追われ、息が詰まりそうになっている彼らは、疲れ果て、正気を失っているように見えることもあるでしょう。指導や指示を待っていることもしばしばです。

そのため、**彼らのスケジュールは行動計画というよりも、待機状態**といったほうが良いでしょう。ほかの人々を喜ばせたいという消極的な願望より先に進もうとしないので、今の人生から抜け出せないのです。

唯一彼らが本当に努力しているのは、世界の要求やスケジュールに応えることです。そのため今週、今年、この10年間、あるいは生涯をどう過ごすか、目的も構想もありません。彼らは他者の支配と期待という重荷を背負ってうめきながら、辛い人生を送っているようなものです。

私たちは誰もが、どうやって個人的ニーズや野心と愛する人や部下、上司のニーズや野心とのバランスを取るかという永遠の課題に直面します。ですが、犠牲者になってはいけません。ほかの人々は常にあなたの時間と注目を要求します。

あなたが愛し、大切にしている人々も例外ではありません。両親はあなたが望んでいるよりももっと長く話を聞いてもらいたいと思っていますし、友人や隣人からはパーティーや会合に誘われます。

教会や政党、ボランティア組織に所属していれば、それぞれしなければならないことがあるでしょう。

24時間連絡が取れるようにして、何かあればすぐ対応するよう求める上司もいます。では、そのような依頼にはどう答えるべきでしょうか。

すべての依頼を引き受けていては、身動きできなくなります。残された選択肢はただひとつ。

断ることです。それも、頻繁に、あなたや相手が望んでいるよりも多く断るのです。

例外は、引き受けることが個人的にも社会的にも有意義であり、理想の人生へと向かってあなたを前進させてくれると判断したときだけです。

人を喜ばせたいという気持ちをすぐにかぎつける依存心の強い人はどこにでもいるので、注意しましょう。彼らは獲物を見つけたカラスのように、空から何度も急降下しては、あなたの人生を一口ずつついばんでいきます。

たとえば、いつも不意に頼み事をしてくる同僚や、大げさに騒ぎ立てて助けを求めてくる昔の恋人、一度手助けしたが最後、一切やるべき仕事をしようとしなくなった自分勝手な従業員などがいい例でしょう。

こういう人々はあなたの計画や運命などお構いなしに、これからもあなたのところにやって来るでしょう。

断固として断り続けない限り、彼らのご都合主義に悩まされることになります。

「大変申し訳ないのですが、もうひとつちょっと頼みを聞いてくれませんか」と言っては年中頼み事をしてくる人に、そつなく、時には有無を言わさず対応する方法を学ばなければいけません。

「今は手伝えません。どうしても後まわしにできない予定があって、急な用事に対応する余裕はないのです」と答えましょう。

こうした依頼を断るときは、道で自分の車の前に飛び出してきた人に謝る程度に謝れば十分です。もっと気のきいた断り方がしたいのなら、こう言ってみてはどうでしょう。

「お手伝いできたら良かったのですが、直前に頼まれても残念ながら予定が詰まっていてお引き受けできません。ずっと前から予定していた用事や計画があって、私自身も責任者のひとりなものですから」

進歩を妨げる人々にどう対応するかによって、あなたの人格や独立性が明らかになります。彼らが何か依頼してきたり、危機に直面したりするたびに1日の予定を犠牲にしていては、身を滅ぼします。

そもそも彼らのニーズはたいてい嘘の締め切りや、彼ら自身の準備不足や無責任から生じた緊急事態です。そうしたニーズに応えようとすれば、**本来なら自分自身の人生を前進させるために使えたはずの、かけがえのない時間を失うことになります。**

ですから、強引にでも自分の計画を取り戻さなければなりません。世の中には気まぐれで厚かましい人や依存心の強い人が無数に存在するので、あなたが愛し、大切にし、寄り添いたいと思っている人以外には注意が必要です。

大げさではなく、「今は手伝うことができません」と言うのを恐れてはいけません。ですから、ほかの人の緊急事態に毎日つき合わされて、夢をすり減らすことのないようにしましょう。

気まぐれでよく頼み事をしてくる人や絶望的に準備ができない人々が何か求めてきても、あなたには関係ありません。**彼らの人生に対して責任などない**のです。

そこで、この人生の真実を覚えておきましょう。そうすれば自由になれます。

ほかの人々が彼らの人生で何か失敗しても、彼らを助けるのはあなたの役目でもなければ責任でもありません。人生で出会う人全員を助ける必要などないのです。

堅固な姿勢で正直に自分の計画を守ったら、どんな結果が予想されるでしょう。断ったら何が起こるでしょう。ほとんどの人はあなたを理解し、そのうちあなたを尊重して、もう煩《わずら》わさなくなります。

ですが、断ると怒る人もわずかながら存在することを覚えておきましょう。

彼らはあなたが自由な意志を持ち、独立していることを快く思っていません。そして、あなたをからかったり、責めたりします。

「一体何様のつもりなんだ？」と言われるかもしれません。バカにされたような気になって、あなたをまた自分の持ち駒《ごま》にしようと意地の悪い行動に出ます。

無理やり、または優しく自分の支配下に連れ戻し、あなたが彼らにどう接するべきか、自分の考えを押しつけてくるのです。

多くの人は自分が与えた愛情や犠牲に対して、あなたは彼らに一生かかっても返せないほどの借りがあると主張するでしょう。

「よく断れるわね。どうして私をひとりにできるの？　あなたのためにたくさんのことをしてあげたのに、こんな小さな頼みも聞いてくれないの？」

しかし、どんなに責められても、妥協してはいけません。そうしないと、クモの巣にかかるように、際限なくエスカレートするしつこい要求に絡め取られてしまいます。断る回数が増えると、彼らはほかの人のところへ行くか、あなたをいつも当てにできないと知って彼ら自身がもっとしっかりするはずです。

敵対心を持たれたり、支持してもらえなくなったり、誠意や人望を失ったりすることもあるでしょう。人生において、より偉大な志を持ち、自由を獲得すればするほど、こうしたことは起こりがちですが、それならそれでかまいません。

彼らの**独立性や自制心、ひたむきさを気に入らず、称賛しない人々の反発を買うことなく、また、誰からも責められずに歴史をつくった偉人はいません。**

ですから、こうした了見の狭い人々には言いたいことを言わせておきましょう。愚かな不安や怒りに震えさせておけばいいのです。自分には追いかけている夢があるのだと自信を持って宣言し、数日、数週間あるいは数カ月、罪悪感やプレッシャーに負けないように自分の縄張りを守り通せば、要求の多い輩《やから》や思慮のない愚か者はいずれ去って行きます。

そして、夢から注意をそらせる他者による要求という社会的抑圧から解放されて、自由になれます。新しく生まれた空白の時間を使って、自分の人生を創造し、設計することができるようになるのです。

要求の多い人々の頼みを断れば断るほど、人生が開け、情熱や幸福を追求し、愛する人々に奉仕し、彼らと共に過ごす時間が持てるようになるのです。

では、いつもあなたを必要とし、進むべき道から引き離そうとするのが、愛する人々だったらどうでしょう。その場合、彼らに寛容になると同時に本当の自分を見失わないようにしましょう。

家族といえども、日々のミッションの邪魔をする人には賢明に対処する必要があります。たとえば幼い息子には、こう言うこともできるでしょう。

「ママはこれから2時間お仕事に集中しなければならないの。とっても大事なプロジェクトなのよ。だから仕事部屋に入ってこないでね」

こう言い聞かせて、実際にその子が部屋に入ってこないようにできるかは、親のしつけにかかっています。一歩も引いてはいけません。

仕事部屋のドアが閉まっていたら、よっぽどの用事でない限り入ってはいけないことを子どもやチームメイトに覚えさせましょう。

毎晩1時間、読書や瞑想《めいそう》をしたり、芸術作品をつくったりするための時間をもらえるよう、妻や夫に愛情を込めて頼むこともできます。

パーティーや会合、フォーマルな行事に誘われると、出席しなければならないように感じますが、断ってもいいのです。

最初は不機嫌な顔や悲しそうな顔をされるかもしれません。ですが、やがてあなたは目的を持った人であることに気づき、機会を与えてくれるようになります。あなたのスケジュールを尊重すれば、あなたは別の機会に彼らと過ごすための時間をつくるということがわかってくるからです。

私たちの目標は冷淡になることでも、彼らと一切つき合わないようにすることでもありません。**正気を保ち、進歩し、自由になること**です。

あなたがそれを望むなら、愛する人や部下のために時間を割き、注意を払うことは可能であり、そうすべきだと思っていることを何度も相手に伝えることが重要です。

周りの人々と良好な関係を築くことは正しいことですし、責任ある行為ですが、長い目で見て正気や夢を犠牲にすべきではありません。

一方、不適切な依頼を断れば、時間に余裕ができて、身近な人に愛情を持って目を向けられるようになるのです。

「妥協すべきではないのですか？　自分の願望と周りの人のニーズの間に妥協点を見いだすことはできませんか？」と聞く人もいるでしょう。

妥協点はあるかもしれませんが、誰かのために1日の予定にいくつかタスクを加えるのと、人生の計画を犠牲にするのとは違います。

誰かを喜ばせるために、本当の情熱と人生の道をあきらめなければならないような場面では、妥協は禁物です。妥協とは、それをしたいという誰かの欲求をかなえるために何かを譲ることです。

夢をすべて、あるいは10年分の人生を誰かに与えてはいけません。パーソナル・フリーダムへ向かう道の途中でも、誰かを助けたり、愛したりすることはできます。とはいえ、自由が完全に奪われるほど譲ってはいけません。現実の責任を果たしつつ、愛する人の世話をすることは可能ですが、前進をためらったり、あきらめたりすべきではないのです。

奴隷になってしまうからです。ほかの人々を助けるために夢を犠牲にするとしたら、それを殉教《じゅんきょう》と見なすのは私たちのエゴに過ぎません。

いつも全体像を念頭に置くようにしましょう。

「私を必要とする人がいるのだから、自分のニーズや夢は何年か先延ばししても構わない」と、妥協的な人々が弱者の嘘を繰り返したために無数の夢が失われました。

目が回るくらい忙しい1日を過ごして疲れきり、毎晩ベッドに入る直前までほかの人々のニーズに応えるだけで、ほかには何もできません。

人生の目標に一歩も近づけず、眠っても本当に休まることはないでしょう。そして、翌朝また目覚めると自分ではなく他者がすべてを決める世界が待っています。

そんな生活がしたいですか？

したくなければ、夢を犠牲にしたり、1時間ずつ運命を何かと引き替えにしたりしてはいけません。

はるかかなたに夢が見えたら、全力を尽くし、固い意志と信念を持って、その夢に向かって前進しましょう。

そうしないと、夢の力は弱まり、失われます。愛する人が困っていたら、自分の夢を完全にあきらめなくても、しばらく寄り添い、助け出すことは可能です。そして、毎日自分の計画を前に進めるために何かできるでしょう。

また、そのうち他者は夢をかなえる妨げになるという考えをやめて、協力者と見なせるようになるかもしれません。

人生で何を心から求めているか、またその理由について、腰を落ち着けて愛する人々に話したことはありますか？

どうすれば全員の希望がかなうか、新しい協力の仕方についてチームのメンバーに意見を出し合ってもらったことはありますか？

ほかの人々があなたの人生における目標をサポートし、協力してくれるくらい、彼らと良好な関係を築いてきましたか？

人生の目標を達成するために誰かを仲間に引き入れると、実際に進歩できることも少なくありません。

◆――自分の人生の主導権を取り戻そう

世界のニーズや気まぐれにつき合うか、自分の進む道を自分で決めるか、日々選択する権利はあなたにあります。

自分で決定することをあきらめれば、混乱の海を漂い続け、水平線に見えるのは退屈なことや辛いことばかりになります。

ですから、**毎朝、何があっても今日という日は自分のものなのだという意識を持ちましょう。**

この意識を持って1日をスタートし、マニフェストと計画をはっきりと決めてそれらを書きとめ、誠心誠意実行し、それらにこだわり、実行するために戦い、責任を持ち続ければ、そのうち人生の舵を取り、幸せでやる気に満ち、生き生きと生きている自分に気づくことでしょう。

宣言3

自分の中にひそむ悪魔に打ち勝つ

3. We Shall Defeat Our Demons

「ネガティブ思考」「先延ばしグセ」「孤独への恐怖」を克服する秘策

「自分を疑う者は、自分自身を敵と数え、武器を持って自分自身と戦う者に等しい」

アレクサンドル・デュマ（フランスの小説家）

人生にもっと関わり、目標を持てるようになったら、自分の活力や強さと一層調和できるようになります。そして、どうして自分に制約を課してしまうか、その深い理由に気づくことでしょう。

また、自由や成功を妨害するのは、周りの環境というよりも、むしろ自分の思考であるということもわかってきます。

不安や恐怖心が増殖し、懸念という名の大波となって、夢を押し流すのを許すのは私たち自身なのです。

いつも自分の進歩を遅らせ、勇気ある行動が求められると逃げ出してしまうのも、私たち自身。

ほかの人々と距離を置き、本物のきずなを結ばなくて済むようにするのも、彼らに対して優越感を持てるようにするのも、私たち自身です。

鏡に向かい、中からこちらをうかがっている人物が、そのような不満の原因だと認めるのは、誰だって嫌でしょう。

誰もが、鏡に映った自分にほほ笑み、その勇気を誇りに思いたいはずです。人生に精通し、自由でモチベーションを持った自分の姿を見たいでしょう。

ところが、疲れきった自分の目を一瞬見ただけで、前途に立ちはだかっているのは、自分自身であることに気づくことも少なくありません。

そして、年中鏡に向かってこうつぶやきます。

「またお前か？　どうしてもっと態度を改めて、本当に求めているものを追いかけられないんだ？　どうしてもっと思いきって意見を言い、もっと信念を持ち、ほかの人たちともっとうまくつき合えないんだ？」

辛い日々の中で、自分の中にひそむ悪魔が自分たちを攻撃してくることに気づくでしょう。そんな毎日は、今すぐに終わらせなければなりません。

偉大さを手にするのは、自分の内なる世界に精通している人です。

人は誰でも疑念を抱くものですが、それでも偉大な人々は信念を持ち、前進を始めます。誰でも二の足を踏むことはありますが、偉大な人は歩き続けます。

人はみな弱みを見せないようにしたり、他人を見下したような態度を取ったりすることがありますが、**偉大な人々はいつも心を開き、人間性と愛情をさらけ出します。**

こうした一部の人々は、運がいいわけではありません。彼らは単に心の中にひそむ悪魔を、より意識し、打ち負かす訓練ができているだけです。

だから彼らには、強い活力とモチベーション、自信があるのです。自分による抑圧から解放された人々は、開眼します。

それを私たちの目標に選びましょう。そして、これからは人生においてあなたの前進を妨げるものを、すべて排除しましょう。

あなたには、自分の素晴らしさを犠牲にする、こうしたあらゆる心の動揺から解放される権利があるのです。そのためにこう宣言しましょう。

「自分の中にひそむ悪魔に打ち勝つ」

◆――前進を妨害する3つの頭を持つヘビに勝つ方法

敵を知らなければ、戦うことはできません。ですから、まずは相手に名前をつけましょう。敵は私たちが志を遂げ、人生を前進させるのを妨害しようとするので、**ディファイアンス（反抗）**と呼ぶことにします。

敵を視覚化したほうが、倒すところをイメージしやすいと思うので、彼らの影響とあなたと彼らとの戦いの様子が伝わりやすいように、ディファイアンスの姿を説明しておきましょう。

まず、3つの頭を持つ醜いヘビを思い浮かべてください。このヘビは私たちの内臓の奥深くにひそんでいて、私たちがリスクを冒して何かに挑戦しようとするたびに目を覚まし、暴れ出します。これがディファイアンスです。

この残忍な獣《けだもの》が身をよじると、私たちは不安で胃が痛くなります。自分では力不足なのではないか、散々な結果に終わるのではないかという、あの恐ろしい感覚です。ディファイアンスが動くたびに心配で胃が痛みます。

そして、とても気弱になり、自信がなくなってしまい、行動を起こしたり、ほかの人々と関わったりしたくなくなります。

私たちの中にひそむこの生き物は、最も基本的な衝動である自己防衛本能に従って行動するのです。

この獣と戦わずに、これまでの人生から離れられる人はいません。

たとえば、自分で会社を興したいのに、常に恐れを抱いているため実現できない女性は、ディファイアンスにとらわれているのです。

一方、生まれてこの方、何を始めても長続きせず、本格的に目標に向かって勢いに乗ることのできない男性は、ディファイアンスによって挫折させられているのでしょう。

また、同僚を見下したり競争相手だと思ったりしている、自己中心的なビジネスパーソンは、ディファイアンスの誘惑に負けているのです。

自分のために、より高い目標を設定するたびに、この意地の悪い獣が私たちの体を内側からむしばみ、自信をずたずたに切り裂き、徹底的に破壊し、おびえさせ、腑《ふ》抜けにします。

では、一体**ディファイアンスはどこから現れ、どうやって力をつけたのでしょうか。**

ディファイアンスは、世界中の横暴な人たちがあなたに植えつけた、恐怖の種から生まれます。

たとえば、信じるよりも疑うべきだと警告する人々もいれば、行動を起こす方法ではなく、先延ばしする方法ばかり教えようとする、無気力で他人の後ばかりついて歩いている人もいます。そして、冷酷な人々は、自分らしく社会と関わって生きる道よりも、本心を偽り、社会から引きこもる道を選ばせようとします。

結局のところ、こうした人々はみな同じで、**恐怖心を広めようとしている**のです。横暴な人々は、早い段階で私たちの心の奥底に恐怖の種をまきます。こうして彼らが私たちの頭に植えたネガティブな考えは、私たちの中にひそむ獣のエサとなります。

そして、「私では力不足だ。怖いから好きなことに挑戦するのはやめよう。私自身も信頼や尊敬に値する人間ではないけれど、ほかの人々を信用したり、尊敬したりすることもできない」という考えが浮かぶたびに、この獣は力をつけます。

世間の抑圧的な人々から、こういう考えを植えつけられることもあるでしょうが、今日私たちが直面している内なる葛藤の種となった思考を断ち切れないのは、私たちの落ち度とも言えます。自分の弱さや不注意により、ディファイアンスに力を与えているからです。

意識が高くなると、この獣が自分の本質とは異なることに気づけるようになります。自分の中で獣が暴れ出したら、感知できるようになるのです。

突然全身に緊張が走り、ストレスを感じていることがわかります。腹部から獣がすすり泣いたり、わめいたりする声が聞こえ、恐怖心から生まれた考えが浮かびます。

「私には確信が持てない！」「タイミングが悪い！」「彼らが理解してくれないかもしれないし、私を勝たせてくれないかもしれない！」

こうした、体の中の感覚や頭の中で聞こえる音は、本当の自分ではなく、ディファイアンスの内なる声であり、この獣にこれ以上エサを与える必要はないことに気づきます。ディファイアンスは、わめき散らして欲しいものをなんでも手に入れようとします。ですが、私たちはキャンキャンほえるうるさい犬をあしらうように、ディファイアンスを無視するという選択もできます。

ディファイアンスが矛先を変えてきたり、不安や憎悪によって心が痛んだりするかもしれません。それでも、あなたは自分の思考と行動をコントロールして、落ち着きを取り戻すことができます。

そして、**練習を積めば、全指揮権を行使し、この心の中にひそむ悪魔を金輪際黙らせることもできる**のです。これに成功すれば、パーソナル・パワーを完全に手に入れられるようになるでしょう。

◆──眠る前に潜在能力を引き出し〝ネガティブさ〟を消す

ディファイアンスは、どう猛な敵です。この不快なヘビに立ち向かうために、邪悪な3

つの頭それぞれの役割を理解しましょう。

ひとつ目の頭は、青ざめた病気のウナギのようです。

これが動き始めると、みぞおちの辺りに違和感を覚え、それがだんだん強くなり、しまいには考えがなかなかまとまらず、思考が堂々めぐりを始めます。

心の中で聞こえるひとつ目の頭の声は、高くてなじみ深い哀れな調子で、旧友の声に似ています。私たちは忍耐強くこの友人の話に耳を貸し、心配事や不安ばかり聞かされてきました。

その姿や声が哀れでも、甘く見てはいけません。この頭が持つ唯一の狡猾な機能は、私たちが不安のあまり胃が痛み、リスクや努力を避けるように仕向けることなのです。

私たちがリスクを冒したり、努力したりすると、この頭を破壊するかもしれないからです。そこで、この**ひとつ目の頭はダウト（疑念）と呼ぶ**ことにしましょう。

ダウトは、あなたが新しい目標や高尚な目標のために努力をしていると目を覚まします。あなたが志を抱き、自らの存在が危機にさらされた瞬間を察知するのです。

あなたが立ち上がり、自信を持って何度も目標を達成するようになったら、ダウトを打ち負かすかもしれないからです。

ダウトは、すすり泣きながら「私には確信が持てない。私には確信が持てない。私には確信が持てない」と悲観的な歌を歌って、私たちの矛先をかわそうとします。ほかにできることはないからです。

ダウトの悲しげな声を聞くと、ほとんどの人は必ず落ち着かなくなります。絶え間なく不安を訴えてくるダウトに対処できず、間もなく繰り返し浮かぶネガティブな思考にとらわれてしまいます。

今すぐ仕事を辞めるべきなのか、確信が持てない。どこか気に入った土地へ移り住みたいが、今はタイミングが悪いかもしれない。彼女をデートに誘ったところで、きっと断られるだろう。情熱を追いかけたり、独立したりするのがいい考えだとは思えない。

ダウトが私たちの人生に幅をきかせるようになるタイミングは、正確に予想できます。それは心の中の疑念を口に出したとき。つまり、ネガティブなことについて、「もし、そうなったらどうしよう」と考え始めたときです。

もし、うまくいかなかったらどうしよう？
もし、自分の手に負えなかったらどうしよう？
もし、実力が及ばなかったらどうしよう？
もし、嫌われたらどうしよう？

もし、負けたらどうしよう?
もし、後戻りできなかったらどうしよう?
もし、利用されたらどうしよう?

こうした心の疑問は本当の自分から生じたものではなく、ダウトが私たちに植えつけたものです。

こうした疑いに満ちた問いかけを許し、繰り返すことで、ほとんどの人は自由で充実した人生を生きることができなくなります。

ですが、ダウトがもたらす最大のダメージは、私たちが行動を起こせなくなるだけでなく、本来の自分になれないことです。

私たちは努力と苦労、学習を通してしか、人格を築くことはできません。ですが、ダウトの声に耳を傾けている限り、私たちが努力や苦労、学習を選択することはないでしょう。ダウトは自分の影におびえる臆病な人間しか生み出しません。こうした無数の臆病で心配性の人たちは、決して立ち上がり、何かに貢献することはありません。

では、あなたは何をすべきでしょう。どうすればダウトを倒せるのでしょうか。

偉大なる賢者たちは、ダウトにとらえられたとき、あなたを**ダウトから引き離せるのは**

信念だけだと教えています。

信念とは深い確信であり、真実だと信じるものを全面的に信頼し、自信を持つことです。確信は選択から生まれます。どんなに未知の要素が多くても、何かを信じ、その信念に強くこだわることを選択するのです。

信念があれば、悲しみや苦しみ、喪失感はやがて去り、良いことが戻ってくると知っているため、それらに耐え、冷静な判断力を失わずにいられます。

また、信念があれば、**自分には成功できる潜在能力があると信じることもできます。**

信念を持つのは、必ずしも現在の技術や実力を過大評価することではありません。むしろ、世界で最も強力な信念を持つ人は、謙虚にこう言います。

「自分には物事を学習し、理解する能力があります。十分に集中し、時間をかけて努力し、専念することができれば、夢をかなえるために自分がすべきことを学び、自分がなるべき人間になれると信じています」

この種の信念を持ち、学習し、潜在能力を生かせれば、ダウトは汗をかきながら死の床に横たわることでしょう。

ですから、今夜、眠る直前の静かで不思議な力を持った時間に、日記帳を取り出し、自分とこの世界をもう一度信じるべき理由をすべて書き出しましょう。

これまでの人生で、自分にできるとは思っていなかったにもかかわらず、達成できたことは何ですか？

明日、私たちは向上し、世界が開けると信じられる理由は何ですか？

困難な時期にも自分や夢を信じ続けるのはなぜですか？

これらの答えを書きとめましょう。この作業に今すぐ着手するように自分を奮い立たせるのです。

決して難しいことではないでしょう。**信じていることを書き出すと、信念自体が強化されます。**

そして、次にダウトがその醜い頭をもたげたときには、書きとめた内容を思い出しましょう。自分が信じているものを思い出すのです。

そして、ネガティブな泣き事をポジティブで力がわいてくるような思考に置き換えましょう。

信念に従うことを、人生全般を通じて何度も選択していると、ダウトを打ち負かす精神力が身につきます。

確信に火がつくたびに、あらゆるネガティブな思考を突き破ることのできる鋼鉄の刀を鍛えているようなもので、刀は打つたびに強度を増していきます。そのような力の使い方を練習しておけば、困ったときや不安なときに、この力をしっかりと理解し、活用できるでしょう。

間もなく信念はあなたの得意な武器となり、**邪悪なものに対しても無敵になります。**あなたは揺るぎない自意識と平静な心を持つ、光の戦士となるのです。光の戦士は自分自身や運命を疑いません。

そして、あらゆる行動から幸運と豊かさを引き出します。宇宙は情熱を注いでいる人の味方であり、すべては本来あるべき状態になると信じているからです。

◆──偽りの欲求を手放したときに〝先延ばしグセ〟は直る

人生において信念が勝利を収めるようにするには、さまざまな課題があります。ダウトが生み出した、自由を奪う思考をうまくコントロールしないと、より大きな悪に直面することになるからです。

ディファイアンスの**2つ目の頭は、私たちに毒を盛って無気力にし、根気のない人にします。**

この唯一の惨めな使命から、**この頭はディレイ（先延ばし）と名づけましょう。**

ディレイは濃いオレンジ色のウナギに似ていて、表情は厳しく、とどろき渡るその声は、私たちを頭の先から足の先まで震え上がらせます。

ダウトがめそめそと懸念をかき立てる歌を歌いながら不安をあおると、きょうだいであるディレイが本物の恐怖を引き起こします。

ディレイに攻撃されると、何かが胸に激突したように感じることでしょう。あなたをドンドンとたたき、怒鳴りつけ、その声はあなたの全細胞に響きます。

「待て！」とディレイの声がとどろきます。「やめるんだ！」とディレイは叫びます。「頼むからやめろ！　傷つくぞ！　まだ準備ができていないじゃないか！　ダウトの言うことを聞け。この道は間違っているかもしれないんだ！　もうこれ以上何もするな！　行動するのはやめろ！　傷つくと言っているだろう！　悲しむことになるぞ！　恥をかかされるぞ！　破滅させられるぞ！　止まれ！　今は待つんだ。そうしないと悪いことが起こる。今はタイミングが悪いんだ！」

あなたが行動を起こそうとすると、ディレイの声はどんどん大きくなります。

ディレイはあなたをおだてるわけでも、誘惑しようとするわけでもありませんが、その言葉には強制力があります。

「やめないと傷つくぞ。今動いたら破滅するぞ」とディレイは言います。

こうした切迫した選択肢を突きつけられ、私たちは言い返すことすらできません。傷つくかもしれない、否定されるかもしれない、破滅させられるかもしれない、という不安を抱いたら、立ち止まってしまうのが当たり前ではないでしょうか。

こうなると、もはや前進は自殺行為のように思えてきて、行動しないことを正当化する巧みな議論ばかり考えるようになります。そして、自分を守るため、ネガティブな思考を大いに信じるようになり、自分自身やほかの人々にこんなことを言うようになります。

「それに着手するには、まだ準備が不十分だ。なんでもすぐ始めればいいというわけではないからね」

ですから、私たちの人生が順調に前進していないと感じたら、それはディレイのせいでしょう。

独立したり、意中の人と親しくなったり、昇進を目指したり、新しいプロジェクトに取りかかったり、心から求めているもののために実際に戦い始めるタイミングを延々待ち続けているとしたら、それもディレイのせいです。

ディレイは行動力のある人々を無気力で取るに足らない人に変えてしまいます。偉大な成功を収める可能性のある人々がタイミングを逃す最大の理由は、ディレイにあるのです。

自己主張すべきときに主張せず、努力すべきときに努力せず、戦うべきときに戦わず、愛すべきときに愛さず、自分の人生を生きるべきときに生きてこなかったのは、人類の行動力のなさが招いた悲劇であり、ディレイは私たちの魂に勝利したことを祝っています。ですから、ディレイはダウトよりもたちが悪いと言えるでしょう。ダウトよりも多くの夢を打ち砕いてきたからです。

ダウトが目を覚まし、あなたの魂を不安にさせているときですら、あなたが最高の状態にあるときは、勇気を持って迅速に行動することができました。

ところが、ディレイに判断力を支配されていると、あなたは行動を起こせません。

ですが、希望はあります。どんなときでも希望はあるのです。ダウトに対する解毒剤があったように、ディレイに効く解毒剤もあります。

ディレイが広めた恐怖心や無気力、怠惰という毒は、**断固とした行動を取ることで中和できる**のです。

恐怖心のあまり、まだ様子を見たいという偽りの欲求を抱いたとしても、これに逆らって行動を起こすとき、私たちの内なる力が大きな波となり、弱気な衝動を押し流してくれます。たとえば、受話器を手に取って大事な電話をかけたり、初めて出会ったかわいい女性のテーブルまで歩いて行って話しかけたり、新しいコースに登録したり、リスクを冒して何かに挑戦したり、こうした断固とした行動を取ることで、ディレイから自分を解放することができるのです。

運命は行動を起こす人々の味方です。行動する人には運命が人生の成功をもたらし、英雄として認められるようになります。

行動が求められているときに、まだ様子を見るという決断をしていたら、誰も英雄になどなれないのではないでしょうか。

偉大な仕事を成し遂げられるかどうかは、英雄が心の中の恐怖に打ち勝ち、恐怖心などものともせずに前進できるかにかかっています。

試合中につまずいても、立ち上がって、ほかの走者に追いつくオリンピック選手しかり。おぼれる少女を助けるため、恐怖心を抱きつつも急流に飛び込む通りがかりの人しかり。不正を非難すれば解雇されると知りながら、それでも声を上げる内部告発者しかり。

恐れを抱いていても、重要なことのために行動を起こせば英雄になれます。

一方、心ではもっと気高く、勇敢に行動したいと思っていても、恐怖心に従っていれば、臆病者になってしまいます。

人類の希望は、行動によって恐怖心と無気力を克服できるかにかかっています。ですから、すべての条件が整うのを待ったり、夢をかなえるのを後まわしにする言い訳を考えたり、自分たちには今すぐ望みのものを手に入れる資格がないと思い込んだりするのは、今すぐやめましょう。行動を起こし、ためらう気持ちをかき分けて進むのです。

先延ばしにしていることや、怖くてなかなかできないでいることを、実行に移す必要があります。それも今すぐに。

今夜、ゆっくり落ち着いて、これまでの人生の中で後まわしにしてきたことを書き出しましょう。

まだ手をつけていないことはなんだろう？

私たちの次のステップは、どこでディレイに妨害されたのだろう？

落としてしまった進歩のたいまつを、もう一度拾い上げるためには、何をする必要があるだろう？

熱心にこう自問することで、あなたは強い人間になれます。心の中にどれほど恐怖を抱えていても、人生を前に進めるために計画し、行動することで、伝説をつくれるのです。

◆――愛で自分を癒やせば〝孤独の恐怖〟はなくなる

心配したり、待ったりするだけではまだ十分惨めになったと言えないときは、ディファイアンスの**3つ目の頭が、あなたを孤独にしようとします。**

別離という毒を盛り、私たちを冷酷な人間にし、冷たい態度を取らせるのです。そして、ほかの人々から距離を置き、短気になり、彼らを憎むようになります。

また、自我が拡大し、自分はほかの人々とは違い、特別であり、彼らより強い、あるいは弱いと感じるようになります。

この3つ目の頭は、ひとつ目や2つ目の頭よりも自信満々で、邪悪です。目のない真っ黒なヘビを想像するといいでしょう。目標は、ほかの人々の良さが目に入らないようにして、あなたの人間性をずたずたに切り裂くことです。

そこで、3つ目の頭は**ディビジョン（別離）と名づけましょう。**

ディビジョンは私たちの心を攻撃します。社会が病んでしまうのは、このディビジョンの仕業です。

ディビジョンが活動していると、私たちは心を開こうとしなくなり、愛情も感じなくなります。周りの人が愚かに見えたり、信頼し、尊敬するには不十分またはその価値がないと感じたりするのも、ディビジョンのせいです。

また、社会に対する懸念や不寛容は、すべてディビジョンに由来しています。孤独や他者との断絶、他者に対する恐怖心や怒りは、ディビジョンの毒が私たちの心や人間性を腐敗させた結果なのです。

ディビジョンはほかの人々に共感することもなければ、同情することもありません。そのため、ディビジョンが究極の勝利を収めるのは、あなたがお互いの人間性に目を向けなくなったとき、つまり、ほかの人々の価値や権利をもののように見なし、否定し、尊重しなくなったときです。

戦争や性的暴力、その他の残虐行為といった、人類史上最大の汚点は、ディビジョンがもたらした最も醜い結果と言えるでしょう。

日々の生活の中で、この悪魔が最もよく目につくのは、あなたが短気になったり、誰かを軽蔑したり、内にこもったりしたときです。

ディビジョンの毒によって、**私たちは偉くなったような気になり、思い上がり、ほかの人々の上に立ち、彼らとは距離を置くべきだと思うようになります。**どういうわけか、自分はきょうだいや友人、仲間よりも特別な存在だと思うようになるのです。

そして、自分より強そうな人でも、弱そうな人でも、相手を批判したり、粗探ししたり、非難したり、怒りをぶつけたりしながら接するようになります。

また、あなたが批判的になっているときや、不安を持たずに誰かを愛することができず、ほかの人々と一体感を得られないときも、それをすぐ感知します。

優秀な娘に自分の欠点ばかり指摘されている母親や、部下のことを全員頭が悪く、仕事が遅いと思っている上司、自分は変わっていて、普通の人と違いすぎると思っているため誰も愛せない男性などがいい例でしょう。

ディビジョンの毒は反社会的で、あなたの体中に広がり、本来は例外なく他者や愛する人とつながるように**あなたを導くはずの感情的、社会的、精神的知性を曇らせてしまいます。**

したがって、ディビジョンは人間関係を破壊し、あらゆる社会問題を助長し、他者に対する無関心や冷淡さを生み出します。

内なる力と決意を持って、ダウトとディレイを人生から排除できたとしても、ディビジョンを野放しにしている限り、失敗する運命にあります。社会的支援やきずなが得られなければ、信念や行動でさえも骨抜きにされ、無力になるからです。

自信満々の成功者が、やがて孤独になり、後悔ばかりするようになるのは、このせいです。成果をあげたという意味では勝者ですが、結婚生活や友人関係は破綻し、そのことをのちのちまで引きずることになります。仲間と友情を温められず、嫉妬心や敵意ばかり抱く女性もこれに当てはまります。

また、子ども時代に他者ときずなが持てず、共感できなかったために心を閉ざし、暴力的になって、ついには投獄されてしまう人々も同様です。

では、私たちには何ができるのでしょうか。

あなたは、人類が知っている中で最も強力な解毒剤を注射しなければなりません。その解毒剤とは、すべての悪と痛みの治療薬であり、あらゆる回復を早め、人類が持つすべての希望と強さ、喜びを高める神聖なる治療法、つまり愛です。

ディビジョンの解毒剤は愛なのです。温かい決意が私たちの血管を流れ、人々の間の溝を満たし、批判や怒り、憎悪の残骸《ざんがい》を押し流します。そして、水門を開けば開くほど、大きな力が得られるのです。

愛に心を開くことで、悪と不和という化学物質がすべて洗い流され、心の中にひそむ孤独なヘビも一緒に去って行きます。

ディビジョンのせいで、これまであなたが避けたり、邪険に扱ったりしてきた人は誰でしょう。変わっている、価値がない、愛せないと思われることを恐れるあまり、自分のどんな部分を抑え込んできたでしょう。

こうした質問に答えるには、十分な自覚を持つ必要がありますし、ある程度成熟していなければ、解決策を見いだせないでしょう。

幸い、**愛はあなたの中に生来備わっています。**また、愛はあらゆるものの根源であり、すべての者の中に生きているため、宇宙に最も豊富に存在する資源と言えるでしょう。

今、あなたがすべきことは、ただ人生に愛を取り戻し、ほかの人々に愛を向けることだけです。

信念や行動はあなたが人生において選択する要素ですが、愛はあなたの中にあると同時に、あなたを超えた要素です。

愛はどこにでも存在します。神が宇宙に張り巡らせた糸のようなものであり、あなたが見たり感じたりするすべてのものを貫いています。この共通の糸をつたい、何かを引き出すことを学べば、全人類を包み込む一体感を持つことができます。

また、私たちはみな同じ純粋なものからつくられ、同じ悪魔と戦い、自由を求めて自分の道を進み、全員が愛へと戻ってくることがわかるでしょう。

愛によって、あなたの癒やしは完成します。

世界中のあらゆる信念や行動をもってしても、愛がなければ力は得られません。信念にありのままの神聖なる力を与えるのは愛であり、私たちに勇気を与え、誰かのためなら、自分のためには決してしないような行動を取れるようにするのも愛です。

愛がろ過されることなく私たちの心からわき出すとき、ディファイアンスの最後の衝動を抑え込むことができます。

愛はいつもあなたの中にひそむ悪魔を追い払う、最後の手段であり、最も徹底した治療法なのです。

◆――今、英雄が持つ勇気の剣をあなたも手にした！

これでディファイアンスとヘビのような3つの頭のことがわかりました。

ダウトは、私たちの価値や行動の理由に疑問を投げかけます。
ディレイは、人をなまけ者にします。
ディビジョンは、頭と心を閉ざさせます。

この一頭の獣の中に、人間が経験するほとんどの不幸の原因を見いだすことができます。あなたが運命の道から外れてしまうのは、確信と活動、人間性が欠けているせいなのです。ディファイアンスを永久に退治できると思ったら、大間違いです。人生で最も重要な局面において、あなたはディファイアンスを打ち負かさなければなりませんですが、たとえ打ち負かせたとしても、必ず復活します。ディファイアンスは、常に病んでいる社会が私たちに植えつけた、有害な雑草のようなもので、あなたの不安や無関心から芽を出します。

そして、あっという間に育ち、何度も復活しては、生涯にわたり、イバラやツルを伸ばしてきます。

唯一確実な退治法は、必ず根こそぎにすることです。あなたはこの作業に力を注ぎ、毎日続けなければなりません。幸いあなたは、信念と行動、愛の助けを借りれば、ディファイアンスをやっつけられることを知っています。ディファイアンスを視覚化したように、ディファイアンスを退治するための武器もイメージすることができます。

では、心の中の恐怖に打ち勝つために必要な唯一の武器、勇気の剣を想像してみましょう。これは決して曲がることのない鋼鉄でできた諸刃《もろは》の剣で、あの**重要な3つの要素、信念と行動、愛から成り立っています。**その丈夫な柄は信念、誰にも破壊することのできない刃の片側は行動、反対側は愛からできているのです。

今度またディファイアンスに進歩の邪魔をされたら、この勇気の剣を思い出し、敵を圧倒するために役立てましょう。勇気の剣を使うとき、それは人生で最も決定的な瞬間となります。

歴史上の偉人、人類が闇と無知から抜け出すための道に光を当てた英雄やリーダー、改革者は、いずれも心の葛藤を克服する勇気を、それが最も求められているときに生み出しました。

多くの意味で、彼らはあなたと同じでした。彼らも不安だったのです。行動を先延ばしにすることもあれば、時にはほかの人々を下に見ることもあったでしょう。それでも彼らは称賛され、社会を進歩させ、伝説を生み出せました。

それはこうした衝動を克服し、自分やほかの人々のより良い人生のために、信念を持って、活発に、愛情を注ぎながら戦いたいという純粋な意志のおかげでした。

彼らから学び、自分自身をよく理解し、人類という良書に「勇気」という、あなた自身の章を今すぐ書き加えましょう。

宣言4

思いのままに前進する

4. We Shall Advance with Abandon

一歩を踏み出し、迷わず行動するための自信のつくり方

「臆病者は現実の死を迎えるまでに何度でも死ぬものだ。
勇者にとって、死の経験はただ一度しかない」

ウィリアム・シェイクスピア

（『ジュリアス・シーザー』ウィリアム・シェイクスピア著、福田恆存訳　新潮社より）

恐怖心を乗り越え、自分の中にひそむ悪魔を退治できたら、前進するためにマインドセットを一新させる必要があります。そして、勇気を持って行動し、いくつになっても進歩し

ながら人生を歩めるようにするのです。

世界の大半の人々は、実力に見合った速さで前進できていません。自制心を鍛えてこなかったため、エネルギーを導くためのパーソナル・パワーが不足しています。間違った考えと意志の弱さが、夢に向かって最大限に自分の可能性を広げる妨げとなっているのです。

これではまるで、四肢をいっぱいに伸ばし、大地を蹴って、圧倒的なスピードで力の限り駆けることなく、一生、気だるそうにただぶらぶらしながら過ごすチーターを見ているようなものです。

力を取り戻すために、現実を形づくるうえで、どれだけ影響力を発揮できるか、すぐにこれまでの認識を変える必要があります。

人生において、変えられないものなどありません。 それをまず理解しましょう。環境や潜在能力も例外ではありません。

好きなように現実を変え、自制心を持って学び、率先して行動することで、望み通りの人生を創り上げられるのです。

もうこれ以上、誰かの許可や完ぺきなタイミングを待っていてはいけません。勇気と自信を胸に、今すぐ前へ踏み出しましょう。悪戦苦闘するのは良いことであり、成長や改革、貢献に欠かせないものと認めることです。

そして、必要なものはすべて、手が届くところにあることも覚えておきましょう。この世界には、手に入れられるものがたくさんあります。それに、自由で達成感のある人生の探究を始めるために必要なものは、すでに、あなたの中に備わっているのです。

それを信じて生きれば、臆病な人々には想像もできないレベルのモチベーションと幸福感を手にすることができます。

ところが、私たちはこれらとは全く逆のこと、つまり、**勇敢に行動し、どんどん突き進んでいくことは、なんらかの危険を伴うものであり、無鉄砲だと信じるように条件付けられています。**

そのため、目下の課題は、こうした考えを克服することにあります。前進し、革新を起こすうえでも、新しい貢献や目覚ましい貢献、有意義な貢献をするうえでも、正気を疑われたり、無鉄砲だと思われたりすることは、むしろ必要なのです。

無鉄砲なことを一切しないで、何か偉大なことを達成した人などいるでしょうか。

大海を横断したり、奴隷制を廃止したり、ロケットで人間を宇宙に送ったり、高層ビルを建設したり、ゲノムを解読したり、新しいビジネスを立ち上げたり、業界全体を改革したりといった、桁違《けたちが》いの成果をあげるには、無鉄砲になることも必要なのです。

これまで誰もしたことがないことに挑戦するのも、慣習に逆らって行動するのも、すべての条件が整い、準備ができる前に第一歩を踏み出すのも、確かに無鉄砲です。

それでも、勇敢な人々は、勝利を収めたければ、まずは始める必要があることを知っています。

また、相当の見返りが得られるのであれば、ある程度のリスクは避けられないことであり、むしろ必要であることもよく理解しています。たとえそれがどんなことでも、未知の世界に飛び込むことは、確かに無鉄砲ですが、宝物は未知の世界に眠っているのです。

残念ながら今日では、成功について知的な会話を交わすときですら、行動を思いとどまらせるようなアドバイスばかりされます。

いわゆる「現実主義者」や、現状維持を唱導する人々は、確実で「賢明な」目標を設定するようにと言います。彼らのアドバイスに耳を傾けたばかりに、変化を起こし、偉業を達成するという偉大な志を失った人がどれだけいるでしょう。

賢明な目標は、ほとんどの場合、小さな目標になりがちです。全く意外性のない、バカらしいほど計算しつくされた、小規模な計画になってしまうのです。

こうした目標は、未知の領域に踏み入る勇気のない、石橋をたたいて渡る臆病な人々向けの目標と言えるでしょう。未知の領域に踏み入ってこそ、具体的なビジョンを持ち、実際に進歩できるというのにです。

意外性がなく、すぐに「到達」できる「現実的」な道やアイデアが、偉大な革新や人類の飛躍をもたらしたことはありません。また、この種の目標は、想像力をかき立てることも、魂に強い意志の火をともすこともないでしょう。

私たちの暮らす文化は、タスクやデータ、作業計画であふれかえっています。ですが、それらはどれも誰かの心に響くこともなければ、やる気や勇気を与えることもありません。

本物の変化を起こし、自分の人生を手に入れたければ、どんな状況に陥っても、自分の心に反して一般的な意見に従って生み出される、いかなるビジョンや要請、変化にも流されてはいけません。

真に自由な人は、何にもとらわれずに自分でも少し怖くなるような願望を抱き、それを表に出すことを恐れません。そうした願望は、最善を尽くさなければかなえられませんし、時には気持ちが揺らぐこともあるかもしれませんが、やがてこれまでの軌道を離れて偉人の領域へと私たちを導くからです。

あなたの運命は、勇敢な行動が取れるかどうかにかかっています。

弱みを隠さず、自分の心に正直に、勇気を持って夢を追うため、**無鉄砲とも取れるような選択を繰り返すうちに、力がついてきます。**

心の声を聞き、行動と成長を切望しているようなら、社会的に何が可能で、何が良識的だと思われているかを気にするべきではありません。リスクを冒す価値があるものは何か、自分で評価を下しましょう。

人生において本当に意味のある進歩とは何かを自分で判断することは、カタツムリのようにのろのろ進む以上の意味があるはずです。

どのような旅になるかわからなくても、最初の一歩を踏み出す決意を固めましょう。そのせいで無鉄砲だとか、頭がおかしいとか言われたら、それを自分の運命として受け入れ、自分が臆病者ではないことに感謝するのです。そのためにこう宣言しましょう。

「思いのままに前進する」

◆——「シンプルな質問」を投げかければ現実が変わる

こう考えるようになると、本物の勢いを得るためのマインドセットが発達し始めます。

そして、このマインドセットが身につくと、まず現実は変えられると信じられるようになります。こう信じられない人は、力強く、着実に前進することができません。

自由で勇気のある人々は、決して現在の状況を避けることなく、それを一時的なものととらえています。

自信を備えた人々は、現実は確定したものではなく、むしろ移ろいやすく、自分で形を変えられると考えているのです。自分の存在自体、自ら形づくり、それに手を加え、大幅に改善できるものと見なしています。

今存在しているものの中で、永遠に存在し続けるものなどありません。新しい概念や新しい世界が、現在知られているあらゆるものに取って代わることもあるでしょう。

そのため、彼らは自分や愛する人たちのために思い描いた未来を実現することに全力を注ぐのです。

「自分が直接行動することで、現実を形づくり、それを変えることができます。だからこそ、理想の人生を実現するために、揺るぎない信念を持って行動するのです」と、偉大な人々は言います。

彼らは**現実よりもビジョンを優先し、周りの状況よりも夢を重視**します。周りの状況は、十分汗をかき、骨を折って働き、力を尽くせば変えられると知っているからです。

被害妄想のある人や飽きっぽい人は、彼らとは異なる考え方をします。現実は確定していて、他人が決めるものであり、変えることはできないと思っているのです。そんな彼らにとっては、今存在しているものだけが現実です。

「明日は今日や過去の日々と、全く同じようになると運命で決まっているのです。私にはどうしようもありません。これが私の現実なのです。

現実とはそういうもので、今後もずっと変わらないでしょう。ただ今日という日をとぼとぼと歩いて通り過ぎるだけです」と彼らは言います。

彼らにとって重要なのは、なんとか生き延びることであり、人生を形づくることではありません。何も変わらないという考えに取りつかれているため、彼らには行動を起こしたり、前進したりすべき動機がありません。

また、自分に関する大きなビジョンも持ち合わせてはいません。「どうせ何も変えられないのだから、その時々の状況によって手に入るものでがまんするほかない」と考えているため、ビジョンなど持っていても意味がないと考えているのです。

こういう考え方をする人々は、**成熟へと続く道で誰もが目にするはずの大事なメッセージを見落としている**のです。

自分を取りまく現実に対する責任は、あなた自身にあります。

自分が世界に何を求めているか判断し、それを実現しましょう。

明確性、変化、目標がなければ、成長はできません。

現実は変えられないと信じている哀れな人々は、人生において、とてもわずかな努力しかしないため、彼らには気の毒ですが、いずれ世間からは、力がなく無責任で、取るに足らない人物と見なされるようになるでしょう。

自然および人類の発展によって証明されたことがあるとすれば、それは本物の変化を起こすことが可能であり、不可欠であるということ、そして、その変化を私たちの人生および人類全体を進歩させる方向に導くことができれば、人類の救済につながるということでしょう。

この真実を心に留めつつ、こう自問しましょう。

「自分が直面している現実について、どんなところが好きで、どんなところが嫌いだろう？人生において、今より良くなることを望みつつ、自分の現実を変えられないままに、二の次になっていることはなんだろう？人生にもっと積極的に情熱を持って関わり、達成感を得るためには、何が変わらなければならないだろう？私は何を変えなければならないのだろう？」

これらの**シンプルな質問には、あなたと人生を再び結びつけ、力を取り戻せるようにする作用があります。**

◆――先に与えることでチャンスが引き寄せられる

多くの人は、自分の夢という大海に飛び込むことがありません。飛び込む前に、あらゆることについて答えを出さないといけないと感じているからです。彼らはこう自問します。

「風向きはどうだろう?
着水するまでに何秒かかるだろう?
飛び込む前に何回呼吸すべきだろう?
入水角度は何度が最適だろう?
ほかの人たちは飛び込んでいるだろうか?
これまでに何人飛び込んだのだろう?
何回水をかけば岸にたどり着くだろう?」

いずれも理にかなった疑問ですが、たとえどんな答えが得られても、決して飛び込まない人もいます。飛び込んでも安全だと太鼓判が押され、これまで何人も飛び込んで爽快《そうかい》な気分を味わったことを知っても、臆病な人々は独自の調査結果から、飛び込むと必ず失敗に終わることを示す、なんらかの問題を見つけ出します。

同様に、このタイプの人々は、たとえ周りに何人夢をかなえた人がいたとしても、自分には夢をかなえられない理由を見つけ出します。

大多数の哀れな人々は、情報収集するばかりで、さらに一線を越えて行動を起こすことがありません。延々と考え続け、すべての知識を得て、完ぺきな条件が整うのを待つうちに一生を終える人もいます。

ですが、すべての知識を得ることも完ぺきな条件が整うことも、まずありません。そのため、彼らは永遠に観察者にとどまり、決して達人になれないのです。

実際に試してみない限り、挑み、争わない限り、本物の知識も進歩も大きな成果も得られませんし、伝説を残すこともできません。

人々が**前進できるのは、行動すること自体に価値を見いだしているから**です。ポジティブな勢いに乗って前に進むこと、つまり進歩は、自分たちの人格の表れだと感じているため、彼らは目標に向かって行動することを誇りにし、満足感を得ているのです。

「人生において、前進し、進歩するために重要な行動を取っていなかったら、今ほど幸せでもなければ、何かに没頭することも、成功することも、寛大になることもなかったと思います」と彼らは言います。

積極性や成長、人生における前進についてどう感じているかによって、心理的意味で多くのことが左右されます。失敗したり、人生が停滞したりすると人は堕落するという意味ではなく、私たちには前に進み、成長しようとする傾向があるということです。
人間は意図ではなく、行動によってのみ評価されるということを覚えておきましょう。
人格や幸福度を評価するうえで、その人が何を意図していたかは大して重要ではありません。

行動だけが本当の自分をさらけ出します。行動だけが私たちを成熟に近づけるのです。何かを創造し、成長し、何かに貢献し、最高の自分を実現し、偉大なる人々の住む輝ける世界へと登り詰めるためには、行動するほかありません。そのほかは単なる空想であり、何かを意図することと、率先して取り組むことは異なります。

それが何よりも顕著に現れているのが、愛でしょう。誰かを愛するという意図を持つことはできますが、率先して実行に移さず、相手を尊重し、心を砕き、愛情を持って行動しない限り、意図だけではなんの役にも立ちませんし、魂がこもっているとも言えません。

愛とは想うことではなく、与えることなのです。

その人の行動に目を向けずに、個人を評価することはできません。行動しなければ、何に価値を置いているかもわからないでしょう。価値とは単なる思想にとどまらず、理想を実行に移すことであり、他者との関わりの中で実証するものなのです。

幸福や喜び、満足、平和、成功、愛など、人生において感じたいと思うすべてのものは、行動するからこそ感じられるのです。幸福感を得られるような行動をせず、幸せになることをただ考えているだけではいけません。

幸福とは何か想像してみましょう。幸福感は、自分が幸福になれそうだと感じる行動をしているときにだけ得られます。たとえそれが、イスに腰掛けて目を閉じ、感謝の気持ちを抱くことだとしても。

深く感謝することも、幸せを生み出す行動のひとつなのです。

あなたが喜びを感じるのは、自分が嬉しいと思う行動をしているときだけ。私たちが満足感を得られるのは、自分を満足させることをしたときだけ。私たちが成功すると感じられるのは、成功をつかむために必要なことをしたときだけ。私たちが自分を愛するのは、自分自身やほかの人々との接し方から、自分が愛に値する人間だと感じられたときだけです。

なかには、行動だけを物差しにして物事を判断する人もいます。ですが、**行動しないせいで不幸になっている人のほうが多い**ことは確かです。

もちろん、今の状態にだけ注目することもできますが、そもそも状態自体、一種の行動とは言えないでしょうか。リラックスすることも行動。瞑想することも行動。夢見ることも行動です。これらはいずれも、自分が求める感情をもたらしてくれます。

また、行動は本当の人格を知るための社会的尺度にもなります。人々が私たちやほかの人々にいつもどう接しているかを見れば、彼らの価値や目標、そして、彼らが信頼や注目に値するか否かを判断するうえで必要なデータが得られます。

誰かの人格を行動以外の要素から判断しようとするのは、彼らの心や頭の奥底に何があるか予想するようなものです。その結果は、仮定や空想の域を出ません。

一方、**行動はあなたが必要とする情報を提供してくれます。**

たとえば、自分では善人だと言っていながら、一度も誰かに親切にしたことがない人を信用する必要はありません。「愛している」と言いながら、冷たくあしらい、愛情のかけらもないような行動をする人も、信じる必要はありません。

行動が求められたときに何もしない人は、単なるなまけ者か、最悪の場合、臆病者だとわかります。

冷たい行動をする人は冷たい人だと判断され、愚かな行動をする人は愚かだと判断されるのです。私たちは、進歩に対するその人の姿勢をもとに、相手の人格を一般化します。

つまり、人生において進歩のない人は、鈍い人であるとか、何かに抑圧されている、なまけ者、あるいは負け犬と見なされます。

人を評価することの善し悪しや、その評価が正しいかどうかはさておき、その人が前進しているかどうかは、私たちが他人を評価するうえで重要な判断材料となります。

文化的進歩を担うのは、意欲的で行動力のある人々です。

私たちが現在享受している自由は、自分たちだけでなく、さらに先の世代にまで貢献しようと努力した前世代の人々による行動のおかげで手に入りました。今日、進歩の物差しは、社会や国全体の健全性を測るために用いられています。

健康、経済、技術、自由の分野が発達していない国家は、後発的で古い体質を引きずる時代遅れな体制と見なされ、衰退の一途をたどり、いずれ進歩的な勢力に崩壊させられるまで、伝統にしがみつきながら、あてどなくさまようことになります。

自分たちの人生やほかの人々、世界を評価するうえで、前向きな行動が究極的尺度となるのなら、日々の意識や目標にもこの尺度を当てはめましょう。

行動を起こすと、あなたの周りに**目に見えない力が集まり、目標に合ったチャンスを引き寄せ、勢いがつき、自由へ向かう原動力が得られる**ということを覚えておきましょう。

そこで、勇気を持って自分と向かい合い、こう自問しましょう。

「人生を前進させ、潜在能力を最大限に発揮するために、勇敢に重要な行動を十分取れているだろうか？

何事も恐れず、最高の自分として行動するとしたら、人生において、前進するために何をするだろう?

健康とキャリア、家族、目標を飛躍的に向上させるために、今日、そして今週、どんな手段を講じるべきだろう?」

◆――他人の許可を待っていれば、いつまでたっても行動できない

人生を前進させられない人々は、大人になりきれていないことがしばしばです。彼らは自分の面倒を見たり、幸福や成功を手に入れたりするうえで、ほかの人々を当てにしすぎています。

ほかの人々は、自分の計画や行動を選択するのを手伝い、承認すべきだと思い込んでいるのです。

いまだに不確かな一歩を踏み出すたびに、ママやパパにどの道を行くべきか教えてもらい、「行っていいよ」と背中を押してもらいたいのです。先生にほほ笑んでもらい、褒めてもらいたいのです。恋人や友人、上司や同僚、教会や同じ文化の仲間たちに、自分の行動を認めてもらい、常に応援してもらいたいのです。

そして、自分を駆り立てる前向きな支援が得られなくなると、立ち止まってしまいます。自分自身でいることや、夢を追う許可が得られなくなったら行動しなくなるのです。

こういう人々は、非難されるのではないか、見捨てられるのではないか、という恐怖心にとらわれています。彼らの人生を長い目で見ると、常にほかの人からの許可や承認を待つ傾向が見られます。外出の許可を待つ十代の子どもと変わりません。

つまり、彼らの人生は、恒常的にほかの人々が首を縦に振ってくれるのを待っているようなものなのです。

偉大なる人々は、誰かが承認するかどうかなど一切気にしません。

彼らは、めったに世間の承認を求めることはありません。凡庸さにとらわれた一般大衆が、慣習を打ち破る行為や勇敢で現実離れした行動を承認することなどないと知っているからです。

社会は一匹オオカミを決して信用しないことを、彼らは知っています。

もちろん、一匹オオカミが富と力と名声を手にすれば話は別ですが。偉大な人々は、自分が何をどうして求めているのかはっきり示し、ほかの人々が彼らのアイデアを批判したり、評価したりしたら、ためになるフィードバックだけを聞き入れ、そのほかの意見は無視して前進を続けます。

誰かが気分を害したり、「何様のつもりだ?」と言われたりしても、勇敢な人々は堂々と**自分の夢を守り、戦う覚悟ができています。**たとえ賛同者が少なくても、自分のビジョンを制限することはありません。

彼らの生き方を見れば、ほかの人々の許可を得る必要はないと考えていることは明らかです。彼らは誰からも承認を得ずに、何度もタスクやプロジェクト、新たな試みに着手してきました。証明書や承認状、保護者からの同意のほほ笑みなど求めずに、行動してきたのです。

社会が与えるのは、社会の基準や伝統に従う許可だけです。これは残念ながら揺るぎない真実なので、覚えておきましょう。早足で前進する許可など誰も与えてはくれません。取り残されることや、すでに時代遅れになりつつある世界にしがみつき、バカにされるのを恐れているからです。

これがわかったら、進歩するアイデアが浮かんだときにあなたがすべきことはただひとつ。アイデアを堂々とほかの人々に伝え、**成功しやすくなるように、知識のある人々と相談すること**です。

とはいえ、延々と彼らの承認を待ってはいけません。情報が集まったら、即座に行動を始めましょう。

最もよく障害となるのは、信頼する人々や愛する人々から許可を得たいという、誰もが持つ欲求です。

自分のキャリアを追求するため、ほかの街に移り住みたいと思っている女性が、夫の支援を得られなかったとしたらどうでしょう。どの人間関係にも当てはまることですが、これは簡単に答えの出せる問題ではありません。

私たちには、彼女が一時的に妥協しても、いつかはなんとか夢に続く道を歩めることを願うくらいしかできません。彼女には愛と成長を両立できる道を見つける必要があります。ほかの人々から承認を得られない行動を取ると、不和が生じる恐れがあることも覚悟しておきましょう。あなたが勇敢な行動を取ることを、快く思わない人もいるからです。彼らはあなたの努力をバカにするでしょう。彼らの承認を得ずに、彼ら抜きで、あなたが前に向かって歩いて行くのを見て、悲しんだり、反対したりする人もいます。

夢を実現し、**潜在能力を発揮しようとする人は、誰もこうした現実を避けて通ることはできません。**

心から望んでいることや成長よりも、ほかの人々の意見や都合、彼らが承認してくれることを選びますか？

その答えによって、人生においてどのような心の喜びや満足感が得られるかが決まります。

そろそろ、私たちが自分の心に正直に生きるために必要とする許可は、すべて崇高なる力によって与えられているということを思い出すべきでしょう。宇宙や自然、神は私たちに力を与えてくれました。他人の選択に従い、その力を手放す義務などありません。

◆——あなたはすでに〝一歩を踏み出す〟ために必要な資源を手にしている

時間が足りない。資源が足りない。経済が傾いている。もう誰もそれをつくっていない。全員にいき渡るほど十分に存在しない。これらは、宇宙の豊かさが目に入らない人々の叫びです。

人生において大きな勝利を収めた人なら誰でも、手に入れるべき資源はすべて自分の中にあること、そして、成功に必要な知識のほとんどは行動を起こした後に得られるということに気づいています。

私たちも彼らに加わり、以下の真実を心に留めておきましょう。私たちは今以上に時間を必要としてはいません。

あなたに必要なのは、行動するためのより強い動機であり、その動機を持つことで、時間をもっと有効に使えるようになるのです。

あなたはもっと多くの資源が手に入るのを待つ必要はありません。あなたに必要なのは、行動することであり、行動すれば豊かさが得られることがわかるでしょう。

あなたは、**完全に条件が整うのを待つ必要はありません。**あなたは今まさに条件が整いつつあることに気づくでしょう。何かを受け取るために、それを要求する必要はありません。受け取るためには与えることが必要なのです。

人に何かを与えると、自分も何かを得るからです。臆病になり、すべてが向こうから自分のもとにやって来ることを待っていてはいけません。運命は恐怖心を持たない人々の声に耳を傾けるので、自分で立ち上がり、歩いて行かない限り、何も手に入らないからです。これらの真実は、人生を前進させるのに必要な覚悟と豊かさを備えたマインドセットを形成します。

この世界においては、**何もないところからスタートした人々が成功を収める**ことも少なくありません。彼らはたとえ限られた資源しか持っていなくても、とにかく第一歩を踏み出しました。

彼らが会社を立ち上げ、キャリアを築けたのは、運が良かったからではありません。行動しているうちに、成功に必要なものはすべていつか手に入ると信じていたからです。前進すれば注目を集め、見返りや投資も集まることを彼らは知っていました。そして、豊かさを信じていたのです。

彼らのマインドセットと、資源が足りないと思い込んでいる人々のマインドセットを比べてみましょう。

資源が足りないと思っている人々は、決して十分な資源が得られることはないと信じているため、永遠に重い腰を上げようとしません。裕福になることをイメージできない起業家が、自分のアイデアを実行に移すという選択をすることはないでしょう。

常にみんなで分け合うパイが小さすぎると思い込んでいる管理職は、部下を指導しようとしません。誰かが昇進して、自分の分け前が減ると困るからです。得るものよりも奪われるもののほうが多いと感じている国家指導者は、国境を閉ざし、貿易に制約を加えます。

欠乏感に基づくマインドセットを持つ人々は、保守的になり、進歩を遅らせ、制限し、与えるよりも奪い取り、立ち止まる選択を繰り返します。

ですから、足りないという発想は払拭しましょう。

必要なものはすべて、自分たちの中に豊富に存在するのです。そして、夢に向かって行動すれば、すべての素晴らしいものを引き寄せることができます。

第一歩を踏み出すのに必要なのは、ビジョンや意志、機知、自制心です。私たちがこれらを手放すという選択をしない限り、ビジョンや意志、機知、自制心が供給不足に陥ることはありません。

100%成功を肯定することで〝欠乏感〟はなくなる

人生を前進させられる人は、進歩および進歩の結果得られる成功や成果、影響、力をすべて前向きで必要なものと見なせるからこそ、前に進めるのです。

人生の傍観者になる運命の人々は、成功し、権力を手にすると、人は必ず腐敗すると誤解していることも少なくありません。

これは強調すべき点ですので、ここで一緒に見ていきましょう。こうした絶望的な人々は、本人がそれを意識しているかにかかわらず、**前進するとネガティブな結果をもたらすと思っています。**

彼らは成果をあげるためのあらゆる努力が行き着く先には、美徳が悪徳に道を譲り、誰もが本心に背いて妥協せざるをえないような、この世の地獄があるとひそかに信じているのです。

また、成功や権力を手にすると人は腐敗すると思い込んでいます。誰かが出世すると友人や家族は脇に追いやられ、意味のある愛情は金銭への愛情に取って代わられるというのです。

成功するとわがままになり、決して満足することなく、さらに多くを求め続け、高く上れば上るほど孤独で惨めになると彼らは思っています。

そして、成功が苦い経験をもたらしたという数々の不幸な事例を、それが事実ではないことに気づかずに信じ切っているのです。

では、そもそもそのような考えはどこから生じたのでしょう。

まず、こうした思い込みを植えつけるのは、欠乏感と嫉妬心で何も見えなくなった無知な人々です。人生の成功者を嫌い、信頼せず、憎む、心の狭い人々は、残念ながら確かに存在します。彼らは誰かが勝ったら、ほかの人々は必ず負けると誤解しているのです。

また、成功者の不幸を望む心の狭い人もいます。周りの人々が先に行き、より多くの富を築き、より大きな影響力を手にすることで、自分だけが取り残されたり、忘れられたりしたくないからです。

自分よりも成功している人たちを目にすると、彼らはとても居心地が悪くなり、怒りを覚えます。そして、鏡をのぞき込み、自分はほかの人たちのように幸運やチャンス、才能に恵まれていないのだろうと考えます。

自分にはやる気や自制心、機知が足りないと考えると、罪の意識が芽生えます。そして、非難を始めるのです。

言い訳ばかりが頭に浮かび、怒りではらわたが煮えくりかえり、やがて自分は成功して幸せそうにしている人々の犠牲になったと思い込み、彼らに嫌悪感を持つようになります。

こうした欠乏感や不安感によって、深刻な誤解が生まれます。権力を持った人々はすべて悪人であり、腐敗すると思い込むのです。

そして、どういうわけか、「自分よりも成功している人々」は全員、自分たちの足を引っ張ろうとしていると思うようになります。

こうした思い込みにとらわれている人々は、自分の現実に対して責任を持っているのは自分であることにも、機会は誰にでも手に入ることにも気づきません。

これは何も、独裁政治や金融腐敗、権力の濫用《らんよう》など、世界には他者を抑圧する強力な権力が存在するという事実を否定しているわけではありません。ですが、そのような極端な例においても、あなたはこうした不公平に対して責任ある対応をしなければなりません。

どんな現実に直面しても、あなたにはその現実を超えて志を貫き、行動する責任があるのです。

たとえ**抑圧を受けても、自分の人生は手放さず、懸命に努力し、ためらうことなくパーソナル・フリーダムを求めて戦うべき**です。

何も持っていなかったにもかかわらず、自分を取りまく環境から抜け出し、天井を破って自らの運命の舵を取り、あらゆる障害を乗り越えて、不可能を可能にして大海を渡った人々が数え切れないほど存在します。独裁者や邪悪な人々がいるからといって、自分の人生のビジョンを制限する言い訳にはなりません。

注意しましょう。成功して権力を手にした人々は、全員不道徳で、信頼に値せず、憎まれている、つまり、私たちも成功して権力を手にすると悪人になる、という思い込みは、それがどんなかたちであれ、絶望的で、無知で、危険です。

こうした発想は、人生におけるモチベーションや進歩を台無しにしてしまうでしょう。まず、成功者全般を憎む人々は、腹いせで憎んでいるのであって、なんらかの理由があるわけではありません。憎しみは決して理屈ではないからです。

さらに言えば、誰かを憎んでいる人の大半は、相手との間で実際に嫌な経験をしたからではなく、何か恐ろしい思い込みから生まれた無知な先入観によって、その人を憎んでいるだけなのです。

興味深いことに、成功者を憎む人々は、実際のところそれほど多くの成功者を知っているわけではありません。

成功や富についてどう考えているかによって、人生で追い求めるものが決まります。ですから、十分注意する必要があります。

成功と権力は腐敗を招くと考えていたら、私たちの心はこれらを手にするための行動を許さないでしょう。そして、すぐに無気力で無関心な人生にとらわれてしまいます。

成功という発想自体を嫌っていたら、どうして成功できるでしょうか。

自分が建てている家にいつか悪魔がすむことになると信じるようになったら、誰でもすぐに大工道具を片づけるでしょう。

成功したら堕落するという思い込みや、成功者への憎しみは、自己抑圧が卑劣なかたちで表れたものと言えます。憎しみを抱いている人を浅ましい考えに閉じ込めるからです。

では、私たちの足を引っ張ろうとする、実在の独裁者や差別主義者はどうでしょう？ 前進しようとすると私たちを攻撃してくる人々、人種や宗教、性別、生き方、経歴によって、人に対して先入観を持つ人々は？

こうした愚かな人々にはなんの義理もありません。あなたは、たとえこうした人々と出会っても、パーソナル・フリーダムに向かってさらに偉大な行動をするだけです。

彼らには関わらず、避けて通り、裏をかき、彼らのことを忘れましょう。立ち止まってはいけません。彼らとは違い、自分たちの成功と影響力をより寛大で意識の高い方法で活用するという選択ができたことを喜べばいいのです。

彼らのせいで現実が見えなくならないようにしましょう。世界の成功者の大半は、ほとんどの人が想像するよりも善良で、寛大なのです。

人生において、私たち自身が高く上れば上るほど、何かを達成した人々はどれだけ懸命に努力したかがわかります。

成功者の多くは、絶望感や苦悩、貧困を経験しているという事実を知ると、参考になるかもしれません。実際に、努力をしないで人生を前進させられた人は一握りです。影響力を持つ人々の大半は、訓練と苦闘、奉仕を通じて、自分の道を切り開いていきました。

結局のところ、**自分の足を引っ張るのは自分だけだということを彼らは知っていました。**そこで、他者に対する恨みの連鎖を断ち切り、夢に向かって努力を重ねていったのです。また、彼らは知性、道徳、勇気の欠如は、富の欠如よりも深刻であることを認識していました。だからこそ、必死に働き、高貴な目標を追求することで、心を鍛え、素晴らしい人格を形成できたのです。

偉大な人々は、自由と大きな成果を実現するために努力し、その努力を通して得た力を何に使ったでしょうか。

彼らは悪いことよりも、良いことをたくさん行なっています。何世代にもわたって家族を養い、船を造り、学校を建て、道を通し、鉄道を引き、雇用を創出し、雇った従業員が子どもたちの食費や教育費、家のローンを払えるようにしたのです。

自分の子どもたちを育て、コミュニティーを豊かにし、ほかの人々に施しを与え、さまざまな活動に資金を提供することで、毎日世界の広い地域に恩恵を与えている人々もいます。彼らは私たちに信じるものと努力する目的を提供し、その手本を示してくれました。

これらを自分の願望と信念だけで成し遂げた人もいれば、富を活用して成し遂げた人もいます。また、こうした行動を受け継ぎ、守っている人々はみな、その仕事や進歩、奉仕、自由の価値を享受しています。

恐怖心や自我、不安や他者への批判を完全に克服すべきときが来ているのではないでしょうか。立ち上がり、豊かさを手に入れ、大きな貢献をするために必要な人格と勇気を備えた人々をたたえることを学ぶのです。

進歩すると力がつき、力がつくと一層人生を楽しみ、自分より恵まれていない人々を助けられるようになることを覚えておきましょう。

世界を変えるために自分の成功を活用する、という選択肢もあるのです。

不道徳な人々が力をつけると、さらに不道徳な行ないをすることは確かです。とはいえ、徳のある人々が影響力を増した場合には、ひたすら善い行ないを広めるということも知っておく必要があります。

ですから、**後悔することなく、狭い心にとらわれずに、一生懸命働いて労働の成果を享**

受けることです。そして、力を正しく寛大に活用し、今まさに偉大な人生を送り、偉大な貢献をしようと努力している人々に富と影響力を分け与えましょう。

汗をかき、鍛錬を積んで力を手にしたので、後ろめたさを感じる必要はありません。

それよりも、その力を邪悪なものに対抗するために活用し、私たち同様、成功から得られる成長と寛大さを誇りに感じられる人々のために使いましょう。このマインドセットを身につけられれば、豊かさと有意義な人生が手に入ります。

◆──前進に集中する人は必ず報われる

人生を大幅に前進させるには、苦難に耐えなければならないことは間違いありません。不平を言うことはできませんし、十分覚悟しておく必要があります。

試行錯誤しながら努力を重ねることが、美徳とされていた時代もありました。必死に努力することは、高い志を持っている証として称賛され、英雄的行為や文化の発展に欠くことのできないものと教えられていたのです。

また、自分の真価を証明し、向上し、自己を実現するために必要な条件と考えられていました。努力と苦労、落胆の最中にしか、弱点をさらけ出して払拭し、人生を変え、夢を実現し、人間性を高めることはできません。

大きな目標のために誇りを持って苦闘する人々は、哀れみではなく称賛の対象であり、人々の記憶に残りました。

自分の運命を導く力は、悪戦苦闘しながら学習し、努力し、成長する意欲をかき立てるマインドセットからしか得られないということを忘れてはいけません。

大多数の人々はたとえ前進のためであっても、悪戦苦闘することを嫌います。彼らは、独立し、豊かさを手に入れるのは至難の業であり、不都合も多く、時間がかかりすぎると大いに憤りながら文句を言います。

そして、成功までまっすぐ続く近道が見つからない限り、旅に出ようとしません。彼らがもう一度学生になって勉強し直そうとしないのは、時間がかかりすぎるから。運動をしないのも、結果が出るまでに時間がかかりすぎるから。夢のために戦わないのは、すでに多忙な日々を過ごしているのに、さらに徹夜で努力しなければならないからです。

現在、あらゆる世代の人々が視野を狭め、努力をしなくなってきています。自分の限界に直面し、新しいことに挑戦し、新しい才能や技術を身につけるのは大変なことだと、恐れているからです。

その結果、太りすぎの人、教養のない人、技術のない人、不幸せな人が、社会において驚くほど大きな割合を占めるようになりました。

まるで、長時間勉強したり、フラストレーションを感じながら夜を徹して努力したりといった、本物の努力を避けて生きているようです。そして、何か不都合があれば、それを言い訳にして進歩をやめてしまうのです。

忍耐力を持って根気強く何か意味のあることを達成することは、もはや過去のことになってしまったのでしょうか。そうではないことを願いましょう。人生を前進させることに集中する以外に、潜在能力を発揮し、自由を手にする方法はないからです。

明日目覚めたら、開口一番「人生を前進させることなど望んでいません」と宣言する人はいないでしょう。ですが、明日の夜、1日の終わりに評価されるのは、自分が何を望んでいたかではありません。

自分たちがどんな人間で、何を心から求めているかは、行動だけが物語ります。ですから、明日からは、前進のためのマインドセットを持って目覚めるようにしましょう。

そして、再び勇敢になるのです。必要なものはすべて自分の中に備わっていること、幸運は勇敢な人々の味方であること、そして、次のステップを照らし出すのは行動だけであることを、どんな心配事があっても忘れてはいけません。

また、自分で選んだ有意義な目標に向かって、純粋で力強い確信を持って飛躍しながら、ひたすら努力を続けましょう。成長し、人々に恩恵をもたらすためには、**前進することに**

専念しなければなりません。

誰かの許可を得たり、完ぺきなタイミングが訪れたり、素早く人生を進歩させる簡単な方法を見つけたりするまで待ってはいられないのです。

すぐに第一歩を踏み出しましょう。あなたにはするべき仕事があり、手に入れるべき影響力があり、行なうべき奉仕があり、分かち合うべき力があり、愛する人たちのために達成すべき自由があります。

ですから、前進し、偉大な行動を始めましょう。今すぐに。

宣言5

喜びと感謝の練習をする

5. We Shall Practice Joy and Gratitude

「ありがとう」の力で感情を自由自在にコントロールする

「感謝の気持ちは敬意を授けます。感謝の気持ちを抱くことで、私たちは日々ひらめきの瞬間に出会えるようになるのです。こうした畏敬《いけい》の念に満ちた超越の瞬間は、私たちの人生観や世界観を永久に変えます」

サラ・バン・ブラナック（アメリカの作家）

私たちは神から生命力とそれに伴う意志、強さ、熱意といった力を授かっています。しかし、選ばれた有能な人々の歓喜に高まる力強い鼓動はどこからも聞こえてきません。もっと笑い声や生命の息吹を耳にしてもいいはずなのに。

生き生きと無我夢中で激しい情熱を注ぎ、全力で何かに打ち込んでいる人々はどこにいるのでしょう?

熱意に心臓を高鳴らせた、輝く魂を持つ人々は?

人を引きつけてやまない魅力や情熱の炎を持つ人々は?

感謝の気持ち、喜び、輝き、みなぎるエネルギーを持つ人々は?

私たちを生み出した、あの奇跡的な生命のエネルギーは一体どうなったのでしょう?

人々が皮肉屋や悲観主義者になってしまったせいで、私たちの夢はまるで大波にさらわれて、おぼれ死んでしまったかのようです。今や世界の感情的エネルギーは、風前の灯火《ともしび》となっています。

多くの人々の目や表情、行動、会話からも、生命のエネルギーが枯渇していることは明らかです。彼らの生きる姿勢からは、生命力も自由も前向きさも感じられません。そのいかめしい顔は、長年風雨にさらされ、土気色になっています。

彼らの会話は、まるで憔悴して袂を分かつことになった仲間たちがひそひそ声で話しているかのように、力がなく、失意に満ちています。

現代の文化は、新しいビジネス・チャンスや一部の有名人の見せかけだけのライフスタイルに熱狂し、大騒ぎしますが、これは集団ヒステリーのようなものです。視野を広げて、そのことに気づけるようになりましょう。

現代社会では、悲劇的なほど多くの人々が物質主義者となり、自分の人生などそっちのけで、手の届かないところにいる有名人の自己陶酔的な人生に夢中になっているのです。

今日、私たちは刺激的で膨大な量の富を浴びるように享受していますが、だからといって、人類はなまけ者で飽きっぽく、強欲でつまらない存在になるよう運命づけられているわけではありません。

悲しいことに、遠目には、多くの人々が素晴らしい潜在能力を発揮することをあきらめ、力を放棄し、高く飛び立つよりものろのろと地をはうことに同意し、進歩が遅く、目標が低く、ネガティブな言葉ばかり吐く、愚かな不平家になってしまったように見えます。

私たちは、大切にしている人々が、ひとりまたひとり、ネガティブな感情の渦に飲みこまれるのを何度も見てきました。

すべての元凶となっているのがどんなエネルギーかは明らかであり、そのエネルギーを変えることを私たちの責務とすべきです。

人生の素晴らしい力に再び火をともすことを、あなたの人生の主な目標にしましょう。

疑念という闇や、喜びを持たない人々の陰、エネルギーを吸い取るバンパイアのような人々の手の中に安住していてはいけません。

人生の目的は、生きること。自由で活動的に楽しみながら、時には羽目を外し、高い意識と愛情、情熱を持って生きることだということを思い出しましょう。

自然は、私たちにそのような生き方をするための内なるエネルギーを授けてくれています。今こそ、そのエネルギーにもう一度火をともすのです。

喜々として感謝の気持ちを抱き、快活に恩恵を享受しながら、明るく愛に満ちた神聖なる光の下で、夢に向かって笑顔で努力を続けましょう。そのために必要なのは、そういう人生を楽しむという意志と訓練だけ。

人生に対する自分の姿勢と方向性を見直し、一層ポジティブで存在感のある活力を培うという選択をするのです。そのためにこう宣言しましょう。

「喜びと感謝の練習をする」

◆——真の成功者は〝喜び〟〝深く感謝〟する習慣を持つ

人間の最大の自由は、どの瞬間も、心の空というパレットを自分で選べることでしょう。

人生を経験するためのエネルギーや、感情にスイッチを入れられるのは自分だけです。

喜びと感謝の気持ちを胸に人生を送りたければ、その方向へ自分の信念や行動を導く必要があります。

そして、こうした感情が私たちの日常的姿勢に表れるように、力強く、繰り返し導き続けなければなりません。簡単なことではありませんが、これを私たちの使命としましょう。良い人生を送るために必要な最も厳しい条件は、苦難や痛みに襲われたり、理不尽な思いをしたりしているときも、喜びや感謝の気持ちを忘れないように心の状態を保つことです。

これは自制心を身につけ、幸福を手に入れるための必要条件です。ですから、いつも念頭に置き、退屈したり、落ち込んだりしたときには、それに気づき、無理をしてでも笑顔で外に出て、世界と関わるようにしましょう。

プロジェクトが頓挫《とんざ》しそうなときにも部下を好意的に評価できるか、仲違いしているときでも妻や夫に感謝できるかは、私たち次第です。

どの瞬間も自分が感じているエネルギーを変化させて、楽しい気持ちで物事に関わり、深く感謝できるようにしなければ、人生を自分のものにすることはできません。

「現実主義者」を自称する人々は、そんなことは不可能だと言います。希望を捨てた彼らは、この世の中はストレスが多く、残酷であり、人生も感覚も遺伝と環境で決まる運命にあるというのです。

何をするにしても、私たちは無意識および恐怖心と利己主義という、爬虫類《はちゅうるい》にもある原始的な衝動に1日中支配されているのだと彼らは主張します。

ですが、何が本物であなたには何ができるのか、自分の心に決めさせましょう。退屈し、打ちのめされた顔をした人々に混じって、ほかの人とは全く異なる輝きを持つ人がいるのを自分の目で確かめましょう。

人生の喜びに顔を輝かせ、苦難の時代にも喜びや希望、カリスマ性を持った人々は存在することをはっきりと思い出させてくれる人がいます。快活な彼らは周りの人々にもエネルギーを与え、生き生きとさせます。

たとえ、その人たちが、経歴や遺伝、環境によって無気力になり、孤立していたとしても。また、彼ら自身、崩壊した家庭や貧しい家庭の出身ということもあるでしょう。それでも、敵意を持つことなく、自分に授けられた恩恵を喜んで享受し、深く感謝しています。たとえ、その恩恵がほかの人よりも少なく、ささやかなものであったとしても。

エネルギーと幸福感、感謝の気持ちを抱いて生きている一握りの人々は、「運がいい」わけでもなければ、嫉妬されるいわれもありません。彼らの宝は自分の生きる姿勢を自由に選べる能力であり、これは私たちにも手に入れられます。

動揺し、混乱し、時に怒りに満ちたこの世界においては、なかなか喜びを選択できないことこともあるでしょう。ネガティブな思考があっという間に社会に広まるのは、人間の心が影響を受けやすいからです。

あなたは生まれつき、周りの感情的エネルギーを感知し、反映するようにできています。怖がっている人を見ただけで、自分まで恐怖心を抱くこともあるでしょう。

太古の昔には、こうした感情の伝染が役に立つこともありました。深刻な危険が迫っているときには、その恩恵を受けたものです。

人は仲間が恐怖におののき、目に見えない脅威から逃げ出したら、その脅威がなんなのかわからなくても、仲間の恐怖にゆがんだ顔を見ただけで自動的に恐怖を感じ、一緒に逃げます。

そのおかげで、野生動物や敵の襲撃で命を落としたり、痛手を負ったりしないで済むのです。

ところが、**今ではこの原始的な防衛本能が私たちの天敵となりました。**もはや、猛獣に狙《ねら》われる心配もなくなり、恐怖それ自体以外に恐れるべきもののない、退屈し、恐怖心を抱いた不機嫌な人々であふれるこの世界では、ほかの人々の様子に反応して起こるこの衝動が、私たちの命を奪いかねないのです。

大衆の持つエネルギーは低レベルのエネルギーで、荒涼《こうりょう》とした心の空間に存在します。

この空間は、ほとんど眠らずに働きストレスを抱え、どうにか今いる場所から離れて、誰か別の人ともっと違うことをすることばかり願っている、混乱した皮肉屋が生み出したものです。

ですから、あなたはこう自問しなければいけません。「彼らのエネルギーに同調すべきだろうか？　彼らと同じように考え、同じように話すべきなのだろうか？」と。

考えが古く、自分の道を見失った皮肉な人々に「この世界は地獄へ続いている」と言われたら、それをそのまま現実と認めるべきなのでしょうか？

何か不満の対象を探すべきなのでしょうか？

世界のネガティブで貧しいエネルギーがあなたの中に入り込み、モチベーションや平静さを奪うのを許してもいいのでしょうか？

エネルギーを同調させることによって、悲劇の犠牲になってはいけません。よく意識して、他者に同調しようとする衝動を抑えるのです。

喜びや愛情、情熱など、自分も感じたいと思っている感情的エネルギーは別ですが、自動的に他者のエネルギー・レベルに合わせようとすればするほど、自分のパーソナル・パワーが衰えていきます。

混乱した一般大衆と同じレベルの会話をし、同じような態度を取っていると、あなたまで犠牲者のように話し、行動するようになってしまいます。

この世界は、パーソナル・パワーを切望していながら、目標に集中できず、しばしば恐怖心に従って行動することを選択する人々であふれていることを忘れないようにしましょう。自分の志を意識し、警戒を怠らないようにしないと、彼らと同じ悲劇に見舞われかねません。

心のエネルギーをポジティブな行動や感謝の気持ちに向けないと、人生の活気にあふれたオーラや魅力は失われます。

ですから、集中力を取り戻し、豊かさを思い出しましょう。喜びは人生の宝石であり、感謝の気持ちは黄金なのです。

◆〝結果を予想する〟よりも〝過程で情熱を感じる〟ことが重要

世界を輝かせている一握りの喜びに満ちた人々は、どんな魔法を使っているのでしょうか。彼らは、人生の喜びをどこで見つけているのでしょうか。どうして、あれほど前向きなエネルギーを発することができるのでしょうか。

その方法は簡単です。喜びに満ちた人々は、喜びや感謝の気持ちを感じ、それらを生み出そうとする意識が高く、その意識を貫いているだけなのです。彼らは人並み以上に努力して喜びを抱く練習をし、それを習慣化し、常に喜びに満ちた人格を形成し、気分が浮かないときも退屈なときも、社交術として活用しているのです。

彼らは、**喜びに満ちた人生を送ることを目標にしています。**ただそれだけです。

彼らは魔法を使っているわけではありません。ただ求める目標に注目し、努力することで、これらのシンプルな力が作用し、モチベーションを維持しているだけなのです。

この答えを気に入らない人もいるでしょう。今の努力の仕方では不十分だと認めたくはないからです。

とはいえ、もし人生に喜びが欠けているとしたら、私たちは十分頻繁に喜びを得ようとしていないことは明らかです。この事実を受け入れましょう。

喜びに満ちた人々は、私たちよりも簡単にそれができるのだと偽りの言い訳をすることもできます。しかし、財産が少なく、健康状態が優れなくても、幸せな人々がいることを誰でも知っているはずです。

身近なところにいる、こうしたささやかに生きる幸せな人々を参考にしましょう。たとえば、子どもたちは自然に喜びを手に入れます。好奇心に満ち、結果を予想せず、小さなことにも楽しみを見いだし、一瞬一瞬を全力で生きることで、子どもたちはすぐに発芽する喜びの種をまいているのです。私たちは彼らから学ぶことができます。

喜びを求めるという、子どもたちが生来持っている傾向を、私たちの人生に応用したらどうなるでしょう？

身の回りのものに、もっと興味を持てるようになるでしょうか？

結果を予想する習慣を手放し、特にどこへ行っても完ぺきな環境に囲まれていることを求めなくなったら、新しい楽しみが見つかるのではないでしょうか？

小さなことに喜びを見いだし、何か良いことが起こることを期待できるのでは？

これらを実行すれば、人生が変わることは間違いありません。こうした、幸せな子どもたちの教えを繰り返し思い出すようにしましょう。

結果を予想しないこと。小さなことに楽しみを見いだし、何か良いことが起こると期待すること。喜んで一瞬一瞬に関わること。これらを実践し、身につけ、自分の得意技にしましょう。

日々人生に喜びをもたらす方法を身につけた人々も、ほかの達人たちと変わりません。何かに一生懸命打ち込むことで、それが遊びのようになるのです。

偉大な芸術家やスポーツ選手、トップレベルの実績を誇る経営者や起業家、人一倍幸せを感じている労働者や誰よりも尊敬を集めるリーダーたちは、仕事に没頭し、並々ならない熱意と情熱を傾けています。

彼らの努力はゲームのようなもので、広い空き地で力いっぱい遊んでいるかのように、喜々として仕事に打ち込んでいるのです。

憤ることも不安になることも、不満を抱えることも、落ち着きを失うこともなく、むしろリラックスして、難しい仕事もやすやすとこなしています。

混乱状態にあるときも、情熱的で生き生きと喜びを持って苦難に立ち向かいます。苦難に直面しても、まるでそれを予想していたかのように受け入れ、その経験に敬意を表します。人生やキャリアを構築するうえで、物事がどんどん困難になり、不快な経験をしている最中でも、動じることは少なく平静を保っています。

苦しい仕事をしているときでも歌を口ずさみ、当惑するようなことが起きても笑顔で働き続けます。

献身的に自分の能力を最大限に発揮し、常に前向きで、快活でいられることを望む彼らは、**ひたむきに努力していれば、いつの日か達人になれること、そして、勝利を手にし、飛躍できることを知っています。**

彼らは喜びの達人なのです。喜びの達人は、悪戦苦闘することが常に苦痛をもたらすとは限らないことを知っています。彼らから学び、忘れないようにしましょう。

人生が課す試練に応えるときも、能力を高めるために未知の世界へ飛び出すときも、どんなに努力をしても報われない時期も、喜びや情熱を失わないでいられるということを。喜びの達人は、人生は旅であることを知っています。これは挑戦と興奮に満ちた旅であり、目的地よりも、その過程で情熱や自由を実感することのほうが重要です。彼らから学び、心に留めておきましょう。

心配事や不安を抱えているときでも、あなたは一瞬一瞬、自分の存在と熱意を感じることができることを。

喜びの達人は、どのような混乱や対立のさなかにも、世界がどれほど気ぜわしく、不道徳なものであふれていても、その中には美しく、安定した、善良なものが確固として存在することを知っています。

あなたも彼らと同じように、たとえ混乱した社会で戦っているときでも、心と魂は、新鮮で純粋で汚れのないものであることを感じることができます。

喜びの達人は、良いものを手に入れるのは決して容易ではないことを知っていますが、

どんなことでも平穏に達成できることも知っています。

あなたも彼らと同じように、たとえ激しい痛みに見舞われても品位を失わず、長く続く試練にも、平穏な心と誠意、新しい1日への情熱を持って臨むことができます。

喜びの達人は、いずれは誰もが自分の道を見つけること、そして、そのため究極的な美

徳は忍耐力と愛だということを知っています。あなたも彼らと同じように、ほかの人々を無理やり冒険の旅に参加させ、喜びを共にする必要はないことを理解できるはずです。

今この瞬間、あるいは今年、誰かが意欲や方向性を持たずに生きているように見えても、いつかは誰もが自分の道を見つけ、自由の感覚を手にすることを私たちは知っています。

こうした物事を学ぶ意欲と強さを持ち、それらを実践し、彼らのような達人になれるように祈りましょう。

◆自我と思い込みを捨てて幸せを得る

部屋の片隅にできた影にばかりに気を取られ、重要な事実を見落とすという愚かなことをしないようにしましょう。

そもそも影ができるのは、部屋に明かりがともされているからです。光は私たちの周り中に存在しています。

一見闇に包まれているように見えるこの世界にも、感謝すべきものはたくさん存在します。ですから、あなたは**影を見つめていた目を上げ、神聖な光と恵みにあふれた大きな海に目を向けるだけでいい**のです。ありがたいことに、そこがあなたの住みかなのですから。

調和を保ち、感謝の気持ちで生きている人々は、次々ともたらされる宇宙の恵みを、幸運と驚きが壮大な滝のように彼らに降り注いでいるように感じています。遠くまで見渡さなくても、感謝すべきものは見つかります。

まずは自我を捨て、すべては自分でつくったという思い込みや、すべてを完ぺきにしなければならないという思い込みをなくしましょう。

そうしたら、あとは生命力とこの不思議な力に満ちた世界を私たちに与えてくれた、言葉では言い表せない自然のエネルギーを受け入れるだけでいいのです。

生き生きとした幸福な人生は、感謝の道から始まります。

ですから、毎日もっと物事の良い面に目を向け、感謝するようにしましょう。


私の周りのすべての光に感謝できますように。

私の世話をし、インスピレーションを与えてくれたすべての人々に感謝できますように。

私の欠点を許してくれる恋人に感謝できますように。

私の自由を守るために命をかけてくれている人々に感謝できますように。

空の青さと自然界の美しさに感謝できますように。

私の中で命の鼓動を打ち続ける心臓に感謝できますように。

昨日の夜、たとえ短い時間でも休めたことに感謝できますように。

自由な意志、意志の強さ、忍耐力という神から与えられた才能に感謝できますように。

私を導いてくれる人々、そして、彼らと同じように私に教訓を与えてくれる裏切り者に感謝できますように。

今よりも貧しく、みすぼらしい生活をしないで済んでいることに感謝できますように。

住む家があり、日々の糧と清潔な水が手に入ることに感謝できますように。

働き、創造し、収入が得られることに感謝できますように。

前に進むことのできる幸運と、教訓を与えてくれた災難や試練に感謝できますように。

毎朝、まっさらな気持ちで目覚められることに感謝できますように。

私の生命力と、汚れのない瞬間を持てることに感謝できますように。

私の創造主に感謝できますように。


感謝できるものがどれだけたくさんあるか気づくことで、物事の良い面に目を向け、生きることができるようになるのです。喜びの達人になるという目標を立てたように、感謝の達人になることも目標としましょう。

◆感情をコントロールする人は喜びと感謝を数値化していた

常に多くの喜びと感謝の気持ちを抱いて人生を送るには、どうしたらいいのでしょうか。感情の状態は、自分で選べるということを忘れてはいけません。どんな瞬間でも、大きなパレットからさまざまな反応や感覚を選ぶことができるのです。発電所はエネルギーを持っていなくても、エネルギーを生み出せます。

同じように、あなたは幸せを持っていなくても、**幸せを創造し、発生させ、低いエネルギーを高いエネルギーに変換できる**のです。

そして、あなたは喜びや感謝の気持ちを持っていなくても、意識的に喜びや感謝の気持ちを生み出し、経験できます。

どれだけ頻繁に喜びや感謝の気持ちを育んでいるか数えるだけで、喜びと感謝の気持ちを抱くことを毎日の習慣とし、それが普通の状態にできます。

「今この瞬間、私が自分にもたらしている喜びや感謝の気持ちを1から10で表すとすると、いくつになるだろう？」と1日に数回確認するだけでいいのです。

これらの言葉には力があります。この問いは、あたかも自分にはこうした高尚な感情を持つ権利があるかのように、喜びや感謝の気持ちをどれだけ経験しているか確認しているのではありません。

自分が喜びや感謝の気持ちをどれだけもたらしているか問うことで、自分自身にその責任を求めているのです。

実際の感情レベルを数値化することで、感情をもっと意識し、自分が求めている生活の質に照らして、今の状態を受け入れられるのか、自分で決めることができます。

たとえば、喜びや感謝のレベルが低い場合、人間の持つ直感が働いて、もっと集中し、感情のレベルを上げようとします。

そうすれば、より幸福になり、感謝できるようになることがわかっているからです。そして、自責の念から心と魂を駆り立て、さらに高いレベルのエネルギーを得ようとすることに感謝するでしょう。

そのことに加えて、すべての物事に感謝しましょう。あなたは恵まれているのです。

宣言6

信念を曲げない

6. We Shall Not Break Integrity

誘惑に負けない人格をつくり「無敵の自分」になる

「まず自分がどうなりたいかを口にしたうえで、しなければならないことをしなさい」

エピクテトス（古代ギリシャの哲学者）

とりわけ辛い時期には、誰でも信念を曲げたくなるものです。そして、自分らしさや心から信じているもの、正義や真実、善だと思うことを貫けなくなります。気弱になり、熱意を失うきっかけがあると、それに反応してしまうのです。人間らしい感情を捨て、自分を偽り、夢から逃げ出したいという衝動が起こり、残念ながらそれに従ってしまいます。肝心なときに何が重要かを忘れ、高尚な道徳的信念を捨ててしまうのです。子どもや部下と大事な約束をしても、それを守りません。愛する人たちがとりわけ傷つきやすくなっているときに、怒りに任せて彼らに暴言を吐いてしまいます。大切にしている人々が、どうしても真実を知りたいと思っていることをよくわかっていながら、嘘をついてしまうこともあるでしょう。

つまずいて転び、大失敗をすると、失意のあまりさっさと夢をあきらめてしまいます。**自分が輝けるチャンスがきても声を上げず、本当の自分を隠して、自分らしさや成長の機会を犠牲にしてしまうこともある**でしょう。

世界があなたの存在と力を必要としているときに、無関心あるいは臆病な行動をしてしまうこともあります。

まさにこうした瞬間に、突然心と精神が粉々に砕け、美徳を失い、利己主義と無責任という闇の次元に落ちてしまうのです。

もっとも、必ずしもこのように劇的とは限りません。

自分の人格と相容れない行動を取るのは、よく映画に描かれているような、何か悲しい大きな決断を迫られたときだけではないのです。

至るところで自らの存在をも揺るがす大問題が発生し、どうしていいかわからず頭を抱えることもありません。公衆の面前で大げさに言い争うことも、お互い一歩も譲れず、地面に座り込んで抗議するほど議論が過熱することもありません。

私たちが信念に背くのは、ほとんどの場合、気づかないほどささいなことがきっかけです。こうした事態は、忙しすぎて注意を払えないときによく起こります。自分が失礼なふるまいをしたことにすら気づきません。

小さな嘘をついたり、すぐに気分を害したり、アイデアを人に言わなかったり、自分の話や他人のうわさ話ばかりしたり、予定を先延ばしにしたり、誰かをからかったり、遅刻したり、「ありがとう」や「愛しています」と言うのを忘れたりといった自分らしくない行動が習慣化していても、気づかないこともあります。

本当の自分や、ほかの人に与えたいと思っている印象からだんだん離れてしまうのは、**自分でも気づかないような何気ない行為が積み重なって、これまで表に出ていなかった人格が確立されてしまうから**です。

今こそ、現在の思考や行動が私たちの遺産になることを思い出しましょう。そのことを忘れ、あるいは自分に嘘をつき、どんな行動をしても関係ないと考えていると、一時的とはいえ、愚かな行動を取ることを自分に許可することになります。

「今回だけだから」と言って自分の価値観に合わない行動をしたり、「今回だけだから」

と言ってインチキをしたり、「今回だけだから」と言って嘘をつくのです。「今回だけだから」と言って大変な作業を後まわしにし、「今週だけだから」と言って運動をサボり、「あと1杯だけだから」と言ってお酒を飲みます。

間もなく、こうして少し信念に背くたびに、また信念を曲げなければならなくなることに気づき、やがて一生妥協し続け、後悔することになります。

警戒していないと、人間の精神に備わった正しさや強さが削り取られ、永久に崩れ去ることになりかねません。

あなたの行動が一つひとつ積み重なって、まっすぐな構造を創り上げることもあれば、曲がりくねった構造を創り上げることもあることを覚えておきましょう。

そして、自分を最高に高めることを目標とし、人格と価値観に傷がつかないよう、強い信念と寛大な人間性を持って、すべての状況に対処することです。

気弱になり、熱意を失うきっかけは今後も訪れるでしょう。ですが、もう反応してはいけません。**信念を曲げることを、力強く断固として拒否する**のです。

妥協したり、自分のレベルを下げたりしないと決意しましょう。正しい行ないをすれば、あなたを引き上げる強い力が働き、神聖なる自然と調和し、さらに高い人格へと大きく飛躍できるのです。

パーソナル・フリーダムおよび人類の希望は、私たちが自分や夢、言葉、善良さ、愛情に忠実でいられるかどうかにかかっています。

価値観を変えることを拒めば、あなたは無敵になります。揺るぎなく安定し、強い精神と確信を持ち、勇気と価値、人格を兼ね備えた人間になれるのです。そのためにこう宣言しましょう。

「信念を曲げない」

◆――自分を理解するための2つの質問

本来の自分とは相容れない、信念に背くような行動をしていると、私たちは「道からそれてしまった」と感じ、不満や後悔の念を抱き、やがて惨めな気持ちになります。ですが、思考と行動が自分の価値観や人生における優先事項と合致しているときは、自分で選んだ満足な人生という恵みを享受できます。

それを知るには、次の2つの質問をする必要があります。

「自分はどんな人間だろう?」

「自分にとって大切なものとはなんだろう?」

人生において最も大切なことは、これらの質問についてよく考えることかもしれません。

その答えを知らない人には、深遠なるパーソナル・パワーも完全なる自由も手に入らないでしょう。

これらの難題の答えを見つけるには、人格、きずな、貢献という人生の3つの分野において、どの程度のレベルを求めるかを考えてみると参考になります。

◆──「最高の自分なら、どうするだろう？」

自分の人格を定義し、どのようなアイデンティティーを持ちたいか、深く考えてみたことのある人はごくわずかでしょう。自分がどんな人間か、どんな人間になりたいか全く意識することなく、人々は気まぐれに世界に反応しているだけです。

どんなアイデンティティーを身につけたいか目標を定めて行動していない人々は、他者の欲求と周りの状況、彼らが暮らす文化を融合させたような存在になります。衝動と模倣の奴隷になり、本物の人格を持つことはありません。

そんな彼らと、鋭い自己認識を持つ人を比べてみましょう。

たとえば、親切な人になりたいと強く意識し、そのために尽力している人は、他人に失礼な態度を取ることなどまずないでしょう。また、自分はほかの人々と共感できる人間だと定義している人は、意識的にもっと人の話を聞き、彼らに手を貸し、愛情を注ぎます。

自分がなりたいと願う理想の人物ならどう考え、どう行動するか考え、それに合わせてあらゆる思考や行動をするはずです。

意識と訓練によって、自分の潜在能力を発揮する自由が得られるのです。

あなたは、これほど高いレベルの自制心を持っているでしょうか。どのような人格を持てば、調和や幸福、充足感を感じられるかを理解しているでしょうか。

もしわからなければ、こう自問しましょう。

「もし明日死ぬとしたら、ほかの人たちに自分をどんな人間として覚えていてもらいたいだろう?

彼らが自分のことを話すとき、具体的にどんな言葉や表現を使ってくれたら幸せだろうか?

今日自分の決断や行動を導くうえで、どのような言葉や表現を使えば私の心に染み込み、良い人間になろうという気持ちがわいてくるだろうか?」

これらの質問に答えることで、人生に注目できるようになります。

活発で、親切で、知的で、愛情深く、勇敢な人物として記憶されたいのなら、こうした描写に合った生き方を選べばいいのです。

そんなことは当たり前だと感じる人もいるでしょう。ですが、常識が必ずしも広く実践されているとは限りません。

「最高の自分なら、この状況をどう解釈し、どう対応するだろう？」と、ひと呼吸置いて考えられなかったために、自分で自分を傷つけたことが何回あるでしょう。

今日こそ、最高の自分とはどんな人間か、なんのために戦うかを定義すべきです。今夜、自由な意志があることに感謝しながら、理想の自分像を表す言葉や表現を書いてみましょう。きれいな紙にペンで書くのです。

そして、どこへ行くにもその紙を持ち歩きましょう。書かれた言葉を読み返し、記憶し、口に出し、そして、その言葉の通りになるのです。

このアイデンティティーに則した行動が取れるようになると、**より自由で、より高いモチベーションを持ち、より完全な存在になれます。**

そして、人生がより明るく、より自分らしく、より深く、より達成感のあるものに感じられるようになるでしょう。運命が私たちにほほ笑み、目的と信念を持った人間として、天国の門に迎えられるようになります。

◆——人間関係がうまくいく人とは、人生の最期をイメージできる人

世界とどう関わるべきか、についても定義しておきましょう。

自分は人生において、大切な人々と一緒にどのような経験をしたいだろう？

こう自問できない人は、いつも人間関係で失敗します。

たとえば、妻とどんな関係にあるか明確に理解しておらず、より良い関係を持つために努力していない男性を想像してみましょう。

こういう人は、妻が気分を害したら、ただ彼女の気持ちと不満に反応して、自分も不機嫌になります。ですが、夫は自分にこう言い聞かせるべきです。

「もっと妻と寄り添い、安定した、頼りがいのある夫になろう。それには、彼女の気持ちを敏感に察知して、思いやりを持つべきだ。危機に直面したり、対立したりしているときでも、彼女の話をよく聞いて、共感し、彼女を支えるようにしよう」

もっと具体的に妻とのやりとりを考えることもできるでしょう。外食するときや2人で通勤するとき、休暇中、経済的にあるいは子どものことで問題を抱えているとき、妻とどう関わりたいかを考えるのです。

前もって個々の状況についてよく考えておけば、実際にこうした状況に直面したときに、もっと意図的に筋の通った行動が取れるでしょう。自分の信念が表に表れ、現実のものとなることで、間もなく自分の行動を誇りに思い、それを愛せるようになるはずです。

落ち着いて、次の質問の答えを書き出しましょう。

自分にとって大切な人は誰だろう?

どうして、その人たちが大切なのだろう?

彼らとどうつき合えば、感謝の気持ちが伝わり、最高の自分で彼らとつき合えるだろう?

ほかの人々との接し方に満足できるようになるには、どんな人物になるべきだろう?

明日目覚めたら、**書いた通りの人物になり、自分の望み通りにほかの人々と接するよう、最大限の努力をしましょう。**


日々人生をこのように生きられたら、最期が訪れたときには、あなたが愛し、助けた人々に囲まれ、彼らの口から、どうしてあなたを愛していたかを聞くことができるに違いありません。

そして、その言葉がとても重要なことを明らかにしていることを知って、あなたは満面の笑みを浮かべるでしょう。その重要なこととは、あなたが自分の心に従い、高い人間性を持って生き、人々を愛してこられたということです。

◆──「貢献のビジョン」が意味ある人生をつくる

最後に、自分がどんな貢献をしたいかを定義しましょう。何を創造し、築き、形づくり、共有し、提供したいか考えるのです。

ほかの人々との交流に加えて、彼らに与えたい、あるいは残したいと思うものはなんでしょうか？

あなたが何を創造し、どのような人生を送ったのか、この地球に目に見える証を残すとしたら、どのようなかたちで残したいですか？

この質問に答えられない人が多すぎます。答えられないために、彼らは日々達成感の得られない仕事をして、自分の信念を切り売りしているのです。

こういう人々は、何か本物の有意義なものや、喜びや達成感をもたらしてくれるもののために働いていません。ほかの人々を喜ばせるために、必要以上に多くのプロジェクトを引き受け、自分自身の満足感や魂を犠牲にしています。

自分にとって何が有意義で重要か、積極的に定義していたら、彼らはそれほどほかのことに気を取られたり、満たされない気持ちを抱いたりしなかったでしょう。

あなたまで、彼らと同じ運命をたどる理由はありません。腰を落ち着け、再びペンを持ち、**エネルギーと情熱が得られる有意義なプロジェクトや目標を書きましょう。**

これらはすでに以前書いていますが、再び書くことで改めてモチベーションと力とつながることができます。

人生において、何に貢献し、何を達成したら、それを誇りに思えるでしょう？

どんな奉仕ができますか？

どんな作品を生み出し、後世に残せるでしょう？

どのような変化を起こせるでしょう？

こうした質問から、意味のある人生が生まれてきます。一方、こうした事柄に対してビジョンを持っていなかったら、よりどころが得られません。**自分をよく理解できていないと、信念も持てないのです。**

どんな人間になりたいか、どのようにほかの人々とつき合いたいか、ほかの人々に何を与えたいか、明確な意図を持っていれば、意識の高い人になれます。そして、パーソナル・パワーを最大限に活用できるようになるのです。

◆信念を貫くために実践すべき6つのこと

どんな人間になり、特定の状況でどうふるまうべきかを理解していることを知恵と言い、知恵に従って行動することを美徳と言います。

人間誰でも思慮深く親切で愛情に満ち、幸福な人間になりたいと思っていますが、全員がそのような生き方を選択しているわけではありません。

「**知っていること**」と「**実際にしていること**」の間には暗い溝があり、人はこの溝に落ちると自分を見失ってしまいます。自分の価値観や美徳に反する行動を取るたびに、信念と幸福が削り取られてしまいます。

一方、自分の信念を示す行動をするたびに、日々築き上げている人格という大きな建物に新たなレンガが積み上げられます。

ですから、賢明な生き方を選びましょう。

信念を貫くために**最初に実践すべきことは、行動する前に考えること**です。

自分自身の健康や人間関係、社会的責任といった人生の主な要素についてよく考えずに、大きな決断を下してはいけません。

「これから選択しようとしていることは、自分の精神衛生や幸福、家族や仲間の健康や繁栄の役に立つだろうか？

もし夜のニュースで自分の選択や行動が報道されたとしたら、どうだろう？

自分はそれを誇りに思えるだろうか？」

と必ず自問自答するのです。もともとは善良だったのに、こう自問できなかったばかりに悪人になった人々が何人も存在します。

信念を貫くために**2つ目に実践すべきことは、情熱の持てないことに対して責任を引き**

受けないことです。

何から何まで安請け合いするのはやめましょう。失敗の多くは、そもそも気乗りしないことに手をつけたから起こったのです。

もっと成熟し、見識のある大人になれば、たとえチャンスを提示されても、それに100％近い情熱を持って打ち込みたいと思えないなら、100％断らなければいけないことに気づくでしょう。

信念を曲げると、多くの場合、自分が大切に思っていない人々と一緒に自分が心から好きだと思えないことを延々繰り返すことになります。

人生とは、自分の仕事や信念、幸運にも巡り会い、大切に思い、支えていきたいと思う人々と情熱的に恋をすることではないでしょうか。そうだとしたら、時間を賢く使って、この情熱を取り戻しましょう。

実践すべき**3つ目のことは、約束を守ること**です。

恋人と正午に待ち合わせしたのなら、正午までにそこへ行くこと。水曜日までにプロジェクトを完了させると約束したのなら、水曜日に完了の報告をすることです。

誰かの信用を保ちたければ、うわさ話をしてはいけません。忠実かつ高潔で、正直であり続けることは、人生における最も高尚な技術のひとつです。

想像してみましょう。人生の幕を閉じるとき、こう思うことができるでしょうか。「私は人から信頼される人間だった。会いに行くと言ったら必ず会いに行き、何かを与えると言ったら必ず与えた。約束を守ってきたのは、信念を貫くことと人生で出会った人々を大切に思っていたからだ」と。

あなたはこのような人生を送れるように祈り、その祈りを実現できるように行動すべきです。

4つ目に実践すべきことは、常に相手を尊重することです。

人は人生を振り返ったとき、ほかの人々を大切に扱ってこなかったことをよく後悔します。人間関係に苦しむのは、ほとんどの場合、お互いを尊重できていないことが原因です。

ですが、他者を尊重することの意味をきちんと定義できる人はほとんどいません。

尊重するとは、相手に迷惑をかけず、彼らが意見を言う権利を認め、彼らの考えや気持ち、行動が、彼らの心に忠実で、筋が通っているという事実を高く評価することです。

たとえ、あなたには重要ではなく、間違っているように思えても関係ありません。尊重することは必ずしも承認することではないのです。相手の言論の自由を尊重するからといって、その発言内容に同意する必要はありません。

尊重するとは、たとえ彼らの努力がどこか足りないように思えても、彼らの実力や人となり、与えられた資源を活用して彼らが最善を尽くしていると認めることです。

これは他者の中に神性を認めることを意味します。他者を軽視したりして、人生において敬意を欠くことのないようにしましょう。

5つ目に実践すべきことは、嘘をつかないことです。

嘘をついてしまったために、どれだけ多くの問題を引き起こしてきたことでしょう。一体何度小さな嘘のせいで火に油を注ぎ、ぎくしゃくした人間関係を悪化させたことでしょう。

たくさん嘘をつく人は、たくさんの人生を生きなければならなくなり、ひとつの人格や気質を確立できません。今日嘘をつけば、明日からその嘘に取りつかれ、やがて真実が明るみに出て、ほかの人々からの批判に頭を悩ませることになります。精神的にも社会的にも痛手を被ることは避けられません。

自分に嘘をついても、他人に嘘をついても、自分自身を傷つけることになります。どんな場合も、その場しのぎで嘘をつくことを許すべきではありません。必ずバツの悪い思いをしたり、後悔したりして、後々まで代償を支払うことになるからです。小さな嘘をつくたびに、信念を切り売りしてはいけません。

6つ目に実行すべきことは、常に行動を優先することです。

いつも人生の傍観者になって、疑い深く、行動を後まわしにしていると、川でおぼれている子がいても飛び込んで助けることなく、川岸に立ち尽くしているようなものです。美しい女性を見かけ、話しかけたいと思いつつも近づくことすらできなければ、後悔することになるでしょう。

新しいキャリアを始めたいと思っても、行動を起こさなければ、やがて後悔の念にさいなまれることになります。

意味のある正当な理由で心から何かを求めているのに、それを手に入れようと努力しないのは、自分で自分を否定しているようなものです。

行動をしないと、心の中の信念も弱まります。そして、自信をなくし、自分で自分のことがわからなくなり、自分を愛せなくなります。ですから、偽りのない目標や価値観を支える行動をすることで、信念が見つかるのだということを覚えておきましょう。

これら6つを実践するのに、特別なことをする必要はありません。

いずれも自然な衝動だからです。ところが、人間の苦しみの大半は、日々これらを実践できないことによって起こります。もっと実践できれば、もっと多くの幸福を経験できるのです。

ガンディやマンデラ、マザー・テレサ、リンカーンといった歴史上のリーダーや伝説的人物に誰もがあこがれ、敬意を抱くのはどうしてでしょう。

それは、彼らが信念を貫き、これらを実践していたからです。彼らは何かのために戦いました。そして、困難に直面したからといって、自分の価値観を疑いませんでした。

あなたも彼らに続きましょう。そうすれば、強く、誇りを持った尊敬に値する人間になれます。

そのためにしなければいけないことはただひとつ、一生信念を貫き通すことだけです。

◆――信念を折る誘惑のパターンを知っておこう

では、人生において私たちが信念を最も曲げやすいのはどんな状況か、予想しておきましょう。

自己認識が著しく不足している場合、ある状況下では、普段表に出ることのなかった自分が顔を出して驚くことも少なくありません。

まるで、これまでほかの人々が気分を害したり、不満を持ったりしても全く気にしていなかったために、こうした感情を回避する方法がわからないかのようです。彼らは世間の教訓を学ばなかったために、何度も愚かな行動を繰り返してしまうのです。

賢人の知恵や自分自身の経験から学んだことを、見直すべき時期がきているのかもしれません。

次に挙げる7つの誘惑のうち、いずれかを感じたり、それに反応したりすると、信念を貫けなくなりやすいということにそろそろ気づくべきでしょう。

その7つの誘惑とは、**短気、落胆、絶望、敵意、心の傷、忠誠心、力**です。

これらの誘惑に襲われても最高の自分を貫けるように、まずはこれらの誘惑についてよく理解し、準備をしておきましょう。

◆──「短気の誘惑」は心の知能指数を下げる

まずは、短気から見ていきます。

誰でもこれまでの人生で忍耐力が試されるようなことが起き、堪忍袋の緒が切れたことがあるでしょう。

自分は親切で愛情深い人間だと思っていても、子どもに静かにするように5回も注意したのに、まだ騒いでいたら、つい怒りを爆発させたくなるものです。また、立ち上げた会社が期待通りのスピードで業績をあげなかったら、夢を追うことをあきらめてしまいがちです。

忍耐力が足りなかったことにより、善良な人々が卑劣になり、本来なら成功していたはずのことが失敗に終わり、あと一歩で実現するというところで良いアイデアをあきらめたりした例が無数に存在します。

また、欲望に身を任せたり、長期的成長ではなく目先の利益に気を取られて浅はかな金銭的判断をしたりといった文化的病も、大半は忍耐力の欠如が原因と言えるでしょう。

自由で意識の高い人々は、心の知能指数が高く、もし焦ったり、短気になったり、イライラしたりしていたら自分で気づくことができます。

練習や訓練を通して、彼らは心の中で早めに警告を発することができるようになったのです。そして、自分にこう警告します。

「今はパニックに陥っているから、間違った決断をしてしまうかもしれない。深呼吸して、スローダウンしよう。

まずは落ち着いて今抱えているストレスを克服し、長い目で見て正しいと思えることを実行したほうが、賢明で責任ある行動と言えるだろう」

あなたも、このスキルを身につけることができます。それにはまず自分が短気になったときの様子を振り返ることです。

「前回、自分が短気を起こし、目先のことにとらわれてしまったせいで、愛する人に暴言を吐いてしまったのはいつだっただろう？

あのとき何をどうすれば、自分を落ち着かせることができただろう？

これまで繰り返し忍耐力を失って激怒してしまったのは、どのような状況だっただろう？

今後また同じような状況になったら、どういう対応を選択すべきだろう？」

つい短気になってしまったときのことをよく反省するほど、自分らしくない反応を繰り返さないで済むようになります。

未来に目を向け、自分がどのような人間として記憶されたいか考えてみましょう。良い親として記憶されたいなら、子どもから「両親は忍耐と愛情を持って私に接してくれました」と言われたいはずです。

良いビジネスパーソンを目指すなら、部下から「創業者が困難を乗り越え、すぐにあきらめずに同じビジョンを持ち続けてくれたことをありがたく思っています」と言われたいでしょう。

これは、当然のことです。**どの時代の賢者も「忍耐は美徳」と説いています。**信念を曲げずに人生を送るために、この常識を実践しましょう。

◆「落胆の誘惑」は努力と挑戦にマイナスに働く

多くの人は、**落胆すると信念を貫けなくなります。**

望み通りに物事が運ばず、自我に火がつき、いら立って、自分やほかの人々との約束を破ってしまうのです。

たとえば、新しいダイエットで体重をいくらか減らすことはできたものの、目標体重まで減らすことができなかったために、決意を翻して元の習慣に戻ってしまう人もいるでしょう。

もっと一生懸命働くと約束していながら、誰もすぐ自分の努力に気づかなかったために、また凡庸な社員に戻ってしまう人もいます。

最初の挑戦が失敗に終わっただけで、安心感を求めて元のつまらない仕事に戻る起業家も同じです。

ほとんどの場合、落胆することは問題ではありません。落胆した後、あきらめてしまうことが問題なのです。

臆病な人は落胆したことを言い訳に、本物の成功を収めるために必要な努力や挑戦をやめ、楽な人生を歩むことを選んでしまいます。

より意識の高い人は、高い目標や基準を持っていれば落胆はつきものであり、害はないと考えています。

時々落胆することがないとしたら、それは新しいことや勇気の要ること、重大なことに挑戦していない証拠です。

ですから、落胆することは必要であり、実害を被ることはないということを認識しましょう。実際、学習のマインドセットが身につくと、落胆することはなくなります。

失敗したら、悲しんだり、不満を抱いたりするのではなく、興味を持って、こう考えるようにしましょう。

「この経験から何を学び、今後の取り組み方を見直すうえで役立てられるだろうか？

今度はよりベストを尽くし、世の中にもっと貢献するために、どんな教訓を得るべきだろうか？」

落胆してあきらめる人と、あきらめない人の違いは明らかです。落胆するとその場であきらめ、責任や自分の価値、夢を放棄してしまう人は成功しません。

彼らは落胆を、失敗というアイデンティティーにまで拡大してしまいます。

一方、**成功する人は、落胆すると、その経験から学び、それ以上気にしません。**彼らは落胆をバネに能力を伸ばします。落胆したからといって、人格に傷がつくこともなければ、夢をあきらめることもありません。

落胆して失敗する人と、教訓を得て成果をあげる人、どちらのグループに入りたいですか? それを今日選びましょう。

◆──「絶望の誘惑」にとりつかれると自暴自棄になりやすい

人が最も信念を曲げがちな場面は、**絶望し、堕落しそうになったとき**です。

会社が倒産寸前になり、不正を働いてでも手っ取り早くお金を手に入れようとする経営者しかり。愛を渇望するあまり、受け入れられ、愛情を得るために妥協する人しかり。ほかの人々の期待に応えるため、テストのたびにカンニングする学生しかり。飢えを満たすために食べものを盗む人しかりです。

誰にでも、必要に駆られて間違った決断を下した経験はあります。ですから、その経験を思い出し、パターンを見つけましょう。

どの程度必要に迫られたら、正しくない行動を取りがちですか?

不健全で無責任な行動を取ってしまったとき、ほかの人や世界、自分について、どう考えていましたか？

どうすれば、もっと違った行動を取り、より早く、より高尚な信念を呼び起こすことができたでしょう？

将来また同じような状況に直面したら、どうふるまうべきでしょう？

夢を追うなら、将来また落胆を経験することを予想しておくべきです。打ちのめされることもあるでしょう。悪戦苦闘を続け、財産や地位、影響力を失うかもしれません。前進し続けるためには、あらゆる資源をひとつ残らずかき集め、尊敬を得るようにしなければならないこともあります。

ですから、こういう状況になったらどうするか、今のうちに決めておきましょう。どのような立派な物語にも、主人公が自暴自棄になり、恐怖心を抱く場面が登場します。こうした瞬間にどうふるまったかによって、主人公が後々臆病者になるか、悪党になるか、信念を貫き、勇気を持って勝利を収め、馬の背に揺られて誇らしげに輝ける地平線へと去って行けるかが決まります。

私たちの番が回ってきて、突然困難に見舞われたら、自分が最も大切にしている価値観に従い、世界に自分らしさを示しましょう。

◆──「敵意の誘惑」は同調と服従の心を生む

往々にして人が絶対的に最悪な状態になるのは、**誰かから敵意を向けられたとき**です。いじめられれば暴力的になりますし、妻や夫から気に入らない考えを押しつけられたら頭にきます。上司に厳しい口調で命令されたら、本当は心から反対していても、気弱になって同意してしまうでしょう。

ですが、あなたは他人が意見を押しつけてきても、決して卑屈になったり、憤ったり、人を傷つけたりしないことを目標にしましょう。冷淡になったり、暴力的になったりしても、得るものはないからです。

ほかの人々がつっかかってきたら、自分の対応に細心の注意を払わなければいけません。強引なことをしてくる人がいたら、彼らの自我や、多くの場合、無知がそのような行動を取らせているのだということを理解しましょう。

そして、彼らと同じレベルに身を落とさないように自分の心をコントロールするのです。そんなときこそ、こう自分に問いかけましょう。

「今の状況で、自分の怒りや心の傷を取り除き、最高の自分として行動するとしたら、どうふるまうだろう？」

この質問にうまく答えられたからこそ、ガンディもキング牧師も、マンデラもほかのことに気を取られずに、真実を貫き、称賛を集めたのです。

世間は私たちを弱らせ、同調と服従を強要します。そして、人々は礼儀を忘れ、不親切で、ふ抜けのようになってしまいます。

ですから、あなたは**より高尚な道を選び、価値観を維持し、戦争のように感じられるときにも平和を支持しましょう。**やがて、忍耐力は必ず攻撃に打ち勝ち、愛は憎しみを乗り越えることがわかるはずです。

◆──「心の傷の誘惑」は心の痛みを増幅させる

心に傷を負うなど、どんなネガティブな感情を経験しているときも、注意が必要です。そうしないと、自分では悪意のある人間だとは思っていなくても、不当な扱いをされたと感じると相手に悪意を抱く人や、侮辱的なことを言われて見下されたと感じると思わず手を上げてしまう人、バツの悪い思いをしただけでプロジェクト全体を頓挫《とんざ》させる決意をしたリーダーのようになってしまいます。

こうした状況はよく検証しておく必要があります。そこで、こう自問しましょう。

「傷つけられたとき、自分は通常どう行動をしているだろうか?

自分がネガティブな気分になっているとき、ほかの人々をどのように見て、彼らに対してどう反応しているだろうか？

今度傷つけられたとき、どのようなことを思い出したら、自分に嘘をつかず、人生を前進し続けられるだろうか？」

成熟すると、幸せを感じるときと同じように、傷つけられたと感じるのもひとつの選択であることがわかります。

心の中で痛みがわき上がってきたら、その痛みを持ち続ける価値があるかを検証しましょう。そして、個々の状況を心の中で再現し、それに意味を与えるのは私たち自身にほかならないということに気づきましょう。

痛みを感じるのは仕方ありませんが、**感じたらすぐにその痛みを捨て、誰かを傷つけようとしては決していけません。**

信念を貫くには、痛みを感じても、その闇を自分の魂に取り込んだり、他者にぶつけたりしないように学ぶことです。

◆――「忠誠心の誘惑」は自分の人格を否定する選択につながる

信念を貫けなくなるのは、保身や人格的欠点だけが原因ではありません。私たちはしばしば、善意によっても、正しいとわかっているものに背いてしまうことがあります。

意外かもしれませんが、**嘘をつく人のほとんどは善良で忠誠心の強い人で、愛する人や尊敬する人を守るために嘘をつきます。**

たとえば、自分は良い夫だと信じている人が妻を傷つけないように嘘をつくこともあれば、良い友人と思われる人が友だちの浮気をかばったり、経営者が会社の評判を守るために情報を伏せたりすることもあります。

とはいえ、真実よりも忠誠心を選べば、遠からず堕落することになります。

愛する人々や同僚、大切にしている人たちを守るための小さな嘘が、大きな嘘になっていくのです。

ほかの人のために嘘をついたら、「自分たち対他者」という意識が生まれ、世界を敵にまわして戦っているような気になり、自分たちの嘘がほかの人々を傷つけていることに気づかなくなるのです。そして、嘘は必ず波及効果を生むことを忘れて、嘘を正当化します。

では、嘘は絶対についてはいけないのでしょうか。嘘をつかないという以外に、どんな目標があるでしょう。

嘘をついている限り、どんな意図も自ら魂を汚すことになります。たとえ、自分やほかの人々の安全や健康を守るためにどうしても嘘をつかなければならないと感じたとしても、注意すべきです。

真実を告げたら人生が台無しになると思い込んでしまうことがありますが、ほとんどの場合、そのようなことにはなりません。

あらゆる精神哲学書に、真実は私たちを自由にするという内容のことが書かれているのには理由があるのです。

自分や愛する人が窮地に追い込まれ、私たちが真実を告げたら確実に害が及ぶとしたら、偽りの言葉を口にするのではなく、沈黙を貫くほかないでしょう。

愛する人のために声を上げ、真実を告げることはあっても、彼らの無責任な行動を擁護するために嘘をつく必要はありません。

誰かが自ら人格に傷をつけるような行ないをしたからといって、あなたまで自分の人格と相容れない選択をする必要はないのです。

純粋で汚れない精神を持ちたいと願うなら、嘘をついたり、嘘を正当化したりすることに慎重になるべきです。実行するのは容易ではありませんが、あなたが求めているのは不誠実で楽な人生ではありません。超越への道に光をともすのは、真実なのです。

◆――「力の誘惑」は誠実さの敵

力を持つこと自体は悪いことではありません。**問題なのは、一部の人が力を手に入れるために用いる手段や、力を活用する方法**です。

力を得る過程で、信念や美徳を持たない人々は嘘をつき、だまし、盗み、他者を踏みつけにします。一方、美徳を持った人は手に入れた力を使って良いアイデアを実現し、貧しい人々を向上させるべく手を貸します。

信念を貫きながら力を手に入れるには、力を手にした途端に自分が変わってしまうのではないかという考えを捨てることです。

邪悪な人は力をつけると一層邪悪になるだけですが、親切な人は一層親切になります。愛情の深い人はもっと愛情が深くなり、気前のいい人はもっと気前が良くなります。より多くの財産と影響力を求めるなら、まずは現在の自分がどんな人間かよく理解しましょう。

力をつけたら、その特徴がより顕著になるのです。そこで、次の質問の答えを書きとめましょう。

「富や地位、幸運により影響力を手にしたら、それを使って、自分を貫き、自分の人格に誇りを持ち続けるために、どんな行動をするだろう？」

豊かさと影響力を手に入れるためには、一生毎日自分たちが支持するものや最高の自分に対して誠実でいなければなりません。それこそが、本物の力なのです。

◆——結局、正直さが自由と勝利を引き寄せる

堂々と生きるか、後悔という闇の中で縮こまって生きるか。いずれにしても、人格は行動によって形づくられます。

賢明で徳の高い人間になるには、よく意識することが必要であり、短気や落胆、絶望、敵意、心の傷、忠誠心、力という7つの誘惑に直面したときはなおさらです。

これからも世界は、私たちを臆病で意地の悪い人間にする罠を次々と仕掛けてくるでしょう。

自分らしさや夢を捨て、ほかの人々をないがしろにして生きるのは簡単です。ですが、それは私たちの進むべき道ではありません。

自由と勝利は、誘惑されても強く正直でいられる人のものなのです。

宣言7

愛を増幅させる

7. We Shall Amplify Love

〃寛容〃で〃高潔〃な新しい自分に変えてくれる「愛の力」とは？

「いつの日か風や波、潮流や重力を使いこなせるようになったら、神に愛のエネルギーを捧げよう。そのとき人類は再び火を発見するだろう」

ピエール・テイヤール・ド・シャルダン（フランスのカトリック司祭、古生物学者、地質学者、思想家）

地球上で最も完ぺきで、畏敬の念を抱かずにはいられない、人間性にあふれ、私たちの心をとらえてやまないもの。それは先入観に惑わされず、はばかることのない愛の美しさでしょう。

人は愛を与え、愛に包まれて生きているときに最高の自分になり、愛を胸に秘め、否定し、消し去ろうとしているとき最悪の自分になります。私たちを最高のレベルまで高めてくれることもあれば、最悪の苦しみをもたらすこともあるのは、愛だけでしょう。

愛が存在している瞬間、私たちは最高の自分と神に接することができます。世界に心を開き、傷つくことを恐れず、執着を持たず、見返りを要求せずに心を委ねることは、人間にとって最も勇敢な行為であり、パーソナル・フリーダムがもたらす最高の経験なのです。

愛は私たちの起源であると同時に、最終目的地でもあります。神聖なる愛のエネルギーが私たちの魂に命を吹き込み、そして生涯最後の息を吐くときには、私たちの魂は霧となって愛の中へ戻っていきます。

愛の並外れた力を持ってすれば、生まれ変わり、進む方向を改めることができます。

愛に心を開けば、人生自体がより新しく、活力に満ち、魅力的で有意義なものに感じられるでしょう。

最高の運命を受け入れる心構えができたら、子どもっぽい利己的な欲求を捨て、心が求める優先順位に従うようにしましょう。

そうすれば、人情、親切心、思いやり、寛容性、高潔さ、勇気という素晴らしい性質を手に入れることができます。

あたかも人間の力によって愛が減ったり、浪費されたりするかのように、地球上には与えたり受け取ったりするのに十分な愛が存在しないと偽るのは、もうやめましょう。

愛は神聖なるエネルギーであり、常に手の届くところに存在し、流れているものです。今、周りにある愛をすべて手に入れても、さらに多くの愛を受け取ることができます。過去の心の痛みを捨てることもできます。過去の痛みは愛そのものの存在とは関係ないからです。

安心できるときだけ、世界に少しずつ愛を放出するという、くだらないゲームはやめましょう。

愛が足りなくなるのを恐れて、他者への愛を出し惜しみするのは、臆病者の行動であり、神聖な力を持った人のすることではありません。

ですから、愛が豊富に存在していることを実感し、私たちの体を通して全力で愛を振りまきましょう。

そうすれば、想像を超えたレベルまで自分を高め、人々の役に立てるかもしれません。

そのためにこう宣言しましょう。

「愛を増幅させる」

◆――愛が〝ポジティブな環境〟をつくる

愛し、愛されたいという欲求は、最も大きな活力を与えるエネルギーのひとつです。人間のあらゆる欲求、あらゆる有意義な希望や夢の基礎には愛があり、私たちは繰り返し愛へと戻ってきます。愛に心を開き、世界に向けて喜びの火を放たない限り、個人が輝かしい成長を遂げることはできません。

人生における**最大の勝利は、愛という戦場で手にするもの**です。ところが、私たちは往々にしてこの神聖なるエネルギーを遮ってしまいます。

ここで、心に関連した数々の失敗例に目を向けてみましょう。

悲しみに引き裂かれて傷つき、二度と人を愛する勇気を持てなくなった惨めな人々。

パートナーとの関係において、もうなんの感情も持てず、新しいレベルの愛を育むことも、愛を引き出すこともできないと思い込んでいる気難しい人々。

もっと多くの愛を与え、もっと多くの愛を求める勇気がないために、ほかの人々の命を奪う救いようのない悪人。

心づかいと共感によって、人々の気持ちや考えに最も大きな影響を与えられることに気づかない、無関心なリーダーたち。

他人に心を閉ざしていながら、不安のあまり封印した特定の感覚を少しだけ味わいたいという気持ちから自分の体を軽く扱い、いくらかでも人とつながり、受け入れられた感覚を得ようとする、さまよえる惨めな人々。

愛は奪われ、永久に取り戻せないと感じている、情熱を失った夫婦や疑い深い恋人たち、冷酷で廃人のような人々。

愛は使うとなくなってしまう限りある資源だと考え、愛を出し惜しみする人々。

私たちはどうして自分の良い部分に目を向けず、愛する人々から、もっと一緒にいてほしい、もっと大切にしてほしい、もっと共感してほしい、もっと愛してほしいと言われても耳を貸さないのか、さらに詳しく見ていきましょう。

こうして激しい心の痛みを感じたり、ほかの人々をなおざりにしたりして、頑なにならないようにするにはどうしたらいいでしょうか。

まずは、**愛そのものに対する解釈を変える**ようにします。過去に不幸な出来事に見舞われていたり、現在苦痛を感じていたりしても、再び愛を感じ、増幅させましょう。

そして、今度はもっと多くの人々と一緒に、より大きな力と深さで愛を増幅させるのです。

もちろん、愛が増えること自体は良いことだと誰もが気づいています。また、愛に心を開くことは、人生の秘宝が詰まった宝箱を開くようなものであり、愛が増せば、共感やきずな、影響力が強くなることもわかっています。

愛は人生を向上させるのに便利な道具です。周りの人々を愛していれば、ポジティブな環境をつくり、精神的・社会的に心の底から満足のいく人生を送るための条件が整います。

それをあなたの目標にしましょう。

◆——愛を〝貴重〟で〝壊れやすい〟ものだと思いすぎない

残念ながら、実に多くの人々が愛のない人生を送っています。また、不安のあまり、勇気を振り絞って堂々と誠実に計算抜きで人を愛することができない人もいます。

これはなぜでしょう。それは、彼らが**心に傷を負っているから**です。

私たちは、あふれんばかりの本物の愛に包まれながら生まれてきました。ところが、その後状況は変化します。

十分に思いやりを持って育ててもらえなかった人もいれば、どんなに強く望んでも、気にかけてもらえなかった人もいるでしょう。

誰かに非難され、裁かれ、笑いものにされ、拒絶された人もいるかもしれません。

他人の無神経な言葉と自分勝手な行動によって、私たちは悲しみと恐怖心を抱くようになりました。

そして、誰かの悪意とゆがんだ自己愛のせいで、ひどい目に遭わされたり、打ちひしがれたり、困惑させられたり、恥をかかされたり、胸を締め付けられたりしました。

そのため私たちはこつこつと長い時間をかけて、心を閉ざし、魂の光を守り、自分の感覚や与えられるものを取り囲む高い壁を築くという膨大な作業に取りかかったのです。間もなく私たちは無害だと思えるごく少数の人たちにしか、この高く冷たい頑丈な壁越しにこちらをのぞき込む許可をしなくなりました。

しかも、この選ばれた少数の人々にさえ、手の内をちらりとしか見せません。自分をどれだけ見せるか、どれだけ陽気にふるまうか、さらには「愛しています」という人生で最も大切な言葉を告げるか、告げるとしたらいつ告げるかもすべて計算します。

つまり、私たちは**どれだけの愛を与え、どれだけの愛を受け取るか計算しているせいで苦しんでいる**のです。

時と共にこの防御壁はますます頑丈になり、侵入不可能になります。そして、そもそも愛を守るために築いた壁が、その愛を閉め出すようになるのです。

人類が大きな壁を立てて愛を閉め出すという悲劇を招いた原因は、未熟で混乱したまま勢いに任せていき当たりばったりで工事を始めてしまったことにあります。

青年期に入るころには、「自分の心を守りなさい」という集団ヒステリーに後押しされ、愛そのものが敵をつくるのだという間違った思い込みをするようになりました。

そして、ほかの人々から批判を受けて心に傷を負い、愛が減ったり、傷つけられたりしたように感じました。

私たちは集団的無意識状態に陥り、この心の傷は愛となんらかの関係があると考えるようになりました。そのせいで、非常に多くの人々が、不必要に惨めな思いをしているのです。心の傷は、愛とは全く関係ありません。愛は痛みから独立したものであり、痛みの影響を受けることもありません。

「心が愛で満たされている」という言い方がありますが、愛は私たちの心や人間関係の中に封じ込められているわけではありません。

そのため、愛を閉じ込めたり、攻撃したり、愚弄《ぐろう》したり、捕らえたりすることもできないのです。ですから、どれほど痛みを感じ、どれほどの傷を負っても、**愛はみじんも「失われ」たりしません。**

愛は、人間の心の中に閉じ込められたものではありません。そのため、愛をしまい込んだり取り出したりすることはできないのです。そのことに気づいていないために、私たちはまず愛を守るようになり、やがて不安のあまり愛を出し惜しみするようになります。

愛は限りのあるものであり、所有したり、失ったりするものだと思い込んでいます。また、愛は貴重で壊れやすいものだと思っています。
ですが、この考えは間違っています。この誤解のために、人生は色あせ、喜びやきずな、人生の神聖さが奪われてしまうのです。

◆――愛はあなたに〝快感〟と〝ポジティブさ〟を与えてくれる

愛は神聖なものです。この精神的エネルギーは、今この瞬間も宇宙全体に流れています。私たちや私たちの敵、家族、同僚、そして70億人以上もの見知らぬ人々の中を流れているのです。

愛は無限に存在するものであり、愛をしまい込んだり、守ったりすることはできません。愛は自由に豊富にいつもあらゆるところに存在しているのです。

私たちの人生から、愛がなくなったことはありません。このことを肝に銘じて、自分自身を変革しましょう。

愛が私たちを置き去りにしたのではありません。愛はどこにも行っていないのです。以前よりも愛が手に入らなくなったり、愛を経験できなくなったりしたわけでもありません。愛はいつでも存在していましたし、これからもずっと私たちの周りに存在し続けることでしょう。

ただ単に、私たちが愛の存在をだんだん意識しなくなってしまっただけなのです。残された問題はただひとつ。**愛に心を開き、愛が流れられるように、どれだけうまく自分の運命に奉仕できるか**です。

私たちはどれだけ純粋で優れた器となり、ほかの人々に愛のための空間を提供できるでしょう？

愛をどれほど強力に増幅させられるでしょう？

自分たちを完成させ、向上させ、団結させるために、人々をまとめる愛のエネルギーをどれだけ賢明に活用できるでしょう？

この運命に奉仕する能力に支障をきたすものは、私たちが愛という概念と結びつけている心の痛みだけです。

幼少期や青年期、あるいは職場や結婚生活の中で心に傷を負った人もいるでしょう。冷酷な人々に出会い、利用されたのです。彼らは自分勝手で、信頼を裏切り、私たちの心を傷つけました。

ですが、こうした不運は愛とは全く関係ないことを忘れてはいけません。悲しみや痛み、苦しみ、恥ずかしさ、後悔、傷心といった感覚が愛の意味を暗いものにしているのなら、真実の光で闇を取り除く必要があります。

もっとも、過去に痛みを感じたこと自体を疑う必要はありません。痛みがあったのは事実です。

とはいえ、運命を愛せるかどうかは、痛みが愛とは全く関係がないこと、過去の痛みを思い出し、恐怖心というモチベーションに従って生きるための時間はもう残されていないということに気づけるかにかかっています。

私たちが**過去に感じた痛みは現在とは関係ありません**し、もはやこの宇宙に存在しません。この事実を受け入れられれば、愛に関する思い込みから解放されるでしょう。

人間はビジョンを持ち、選択し、意志を持つことができます。ですから、人間である私たちは、過去の出来事はすべてもう過ぎ去ったことであり、昨日抱いた不快な思いやネガティブな考えを再び選択する必要はないこと、過去の痛みは私たちが痛みを持ち続けることを選択しない限り、もはや存在しないということを認識しなければいけません。

成熟した大人として、私たちは過去の痛みは現在愛が置かれている現実とは全く関係がないのだと肝に銘じる必要があります。

矢が刺さるのを感じたのは、愛ではなく私たちです。

私たちが心に刺さった矢を引き抜き、それを愛の概念に向けて放つという選択をしたのは、愛のせいでもなければ、私たちの愛を中途半端にしか受け取ることができなくなった気の毒な人々のせいでもありません。

◆――苦しみから解放されるための唯一の道

痛みと心の傷から解放される唯一の道は愛です。苦痛から最も確実に離れるための道はいつも愛から始まります。

あなたが築いた防御壁は、必要ないことに気づきましょう。愛は壁の中に入ってこられないからです。壁が守っていたのは、恐らくあなたの傷ついた自我にほかなりません。

仮に壁の内側に侵入できるものがあったとしても、あなたが築いた高いバリケードに阻止されたことでしょう。

悪者の侵入を阻止する代わりに、天使や恋人たちまで退けてきたのです。豊かな愛が自由に私たちの人生に流れ込んだり、人生から流れ出たりできないようにしただけです。自己防衛のつもりが、最も求めているものを閉め出してしまいました。

重要なので、ここで繰り返しておきましょう。私たちの持つ縮小された愛の概念は、実際の愛とは関係ありません。

愛は今でも神聖なものであり、いつでもあなたの周りに潤沢に存在し、流れ、どんなときでも手に入れることができます。愛を縮小できるのは、私たちの心の中だけです。

愛が存在せず、愛を与えたり、受け取ったりできなかったことなどありません。また、愛の持つ、癒やし、育む潜在能力が、今この瞬間よりも強くなる瞬間が訪れることもありません。

ですから、いつか愛がなくなってしまうのではないかと恐れるのはやめましょう。時と共に**愛が力を失うことはない**のです。これまでもそうだったように、これからも愛は常に宇宙と人類を形づくる求心力であり続けます。

再び愛に心を開くためには、愛を減らしてしまったのは自分自身だということを認識しながら行動しなければいけません。

そして、ほかの人々は過去の過ちを正すべきだという考えを捨てましょう。もう辛い思いをした古い記憶を呼び起こし、腹を立ててはいけません。そんなことをしても、情熱や宝物が見つかることはありませんし、報復しなければならないような傷はもう存在しないからです。

過去の傷をまとめて愛の海に捨ててしまいましょう。愛がどうして減ったり壊れたりしたのかという、心の中の間違った思い込みはひとつも残しておいてはいけません。

そして、最後に愛とは私たちが「持っている」ものではなく、自分の力不足やほかの人々の身勝手さとは関係なく、世界に独立して豊富に存在するものであることを改めて認識しましょう。

◆――人生のあらゆるブレークスルーは〝エネルギーの発散〟で実現される

人生のあらゆるブレークスルーは、単に高いエネルギーを発散することであり、ほとんどの場合、このエネルギーとは愛です。

不安や痛みという壁を取り壊すとき、明るい愛の光線が再び私たちの内面を照らし、あなたの体を通って輝きを放ちます。

かすかな愛の光線があれば、私たちの心を覆う悲しみやネガティブさの鎧《よろい》に穴を開けられることも少なくありません。

閉じこもるのをやめ、もう痛みに背中を丸くすることもなく、大きく目を見開いて立ち上がれば、再び神聖で愛情に満ちたほかの人々のエネルギーを自由に感じられるようになります。

彼らが、どれだけ恐怖心や苦痛に埋もれていても関係ありません。これを認識することによって、**人生は再び光を放ち、心という空にあらゆる色のスペクトラムが戻ってきます。**

そして、心の中に神聖な火がともされ、再び人々を気づかい、彼らときずなを結び、生きることができるようになります。

あなたは兄弟や姉妹の過ちに目をつぶり、彼らを愛せるようになるでしょう。短気な妻や夫を思いやることも、苦労している同僚を理解することもできます。再び全人類を愛せるようになるのです。

頑なでひねくれた人々は、こうして愛が再生し、新たな方向に向かって進み始める話をしても取り合わないでしょう。

そうしている限り、彼らは永久に弱く小さな存在のままで、真の実力を持たず、なんの貢献もできません。愛を放棄すると、個人的超越や社会的善、影響力を行使する究極の道具を失ってしまいます。

愛の力を批判する人々は、不幸になるだけです。誰からも必要とされないどうでも良い存在となり、無知で野蛮と見なされ、人類が恐怖心にとらわれていた時代の遺物として、間もなく見捨てられるからです。

魂に響き渡る愛のおかげで、あなたは驚異的な力で周りの人々にエネルギーと活力を与えられます。このエネルギーのおかげで、誰もがあなたを素晴らしいと感じるようになります。

自分のことばかり気にして、目の前にある正しいものが目に入らないような人々も例外ではありません。

また、**思いやり、忍耐力、思慮深さ、親切心、同情心、共感といった、人間が持つきずなを生み出すためのあらゆる力**も手に入ります。

さらに、このエネルギーは、私たちに他者を導く責任を課します。あなたの中に備わっている、心の勇気という、人類を団結させるために必要な美徳のスイッチを入れてくれるのです。

◆――より高いレベルを目指すために

いつ、どうやって、ほかの人々や自分自身を心から愛することを自分に許すべきでしょう。その答えは「**今すぐ、無条件で**」です。

これは、なにもすぐにほかの人々を信用しなければならないという意味ではありません。誰かに愛を与えるのに、信用など必要ないのです。

私たちは犯罪者や悪人でも愛することができます。彼らを信用する必要はありません。信用しなくても、同じ人類の仲間であり、神の子として、たとえ彼らが神性を感じたり、表現したりすることを選ばず、そのうえ神を堕落させようとしていたとしても、私たちは彼らの神性を認めることができます。

あらゆる生物は愛から生まれ、自分たちの中に愛を持ち、愛へと戻っていきます。たとえそれに気づかず、残酷な行為をしていたとしても同じです。

この真実から目をそらしたら、無関心と憎悪が生まれるのを許すことになります。

人間関係に信頼が必要なことは確かです。親密な関係やロマンティックな関係になるには、お互いに全力を傾ける必要があります。

ですが、私たちから愛のエネルギーを得るために、何かする必要はありません。愛は一部の人々の「特権」でもなければ、わずかな人だけのために確保されているものでもありません。神は自由にすべての人に恵みを与えるからです。

とはいえ、すべての人々の選択と行動を受け入れ、尊重しなければならないわけではありません。

相手が間違っていたら否定し、改心させ、必要ならば罰を与えることだってできるのです。その一方で、彼らに愛を与えることもできます。

失礼な態度を取られたからといって、自分が縮こまり、愛情深い人間でなくなる必要はないからです。

自分がわがままで無神経にならなくても、わがままで無神経な子どもにお仕置きすることはできます。囚人が基本的人権を手に入れ、自分の中に愛を見つけるのを手伝うのに、その囚人の犯した罪を許せるかどうかは関係ありません。

私たちの権利を踏みにじる人々に権利を与えなくても、彼らを許すことはできます。これが意味するところは、私たちは出会った人すべてに対して、彼らがそれに値するか、彼らがそれを求めたか、彼らが見返りを与えてくれるかにかかわらず、神聖なる意図を持つことができるということです。

相手がどんな意図を持ち、どんな行動をするかにかかわらず、私たちは愛を振りまくことができます。一切見返りを期待せずに、私たちの目やすべての人に対する行動を通じて、壮大な精神的力を発することもできるのです。

また、それが私たちの持って生まれた性質だからというだけの理由で、愛を世界に放出することもできます。

ほかの美徳と同じように、愛も意識的に実践するものです。愛は意志を伴う力であり、人間はさまざまな状況下で、善良なあるいは浅ましいさまざまな衝動の中から愛を選択します。

したがって、向上して偉大さを身につけ、愛に寛大になるには、自分自身の弱点と悪へと向かう傾向を認識しなければいけません。

自分も悪の世界に迷い込む可能性があることを肝に銘じることで、いつでも光を探すことを忘れずにいられます。

残酷になる恐れがあることを自覚することで、思いやりと愛情を持つよう心がけることができるのです。

私たちは、天使ではなく人間です。それでも、より高いレベルへ上るよう努力しましょう。自分を愛することを目標にすべきですが、自分を愛せなければ、愛を感じ、増幅することができないというわけではありません。誰かを愛する前にまず自分を愛せるようにならなければならないという一般的幻想は、誰の役にも立ちません。

これは、ほかの人たちを愛するようになれる日まで待つ許可を与えているだけだからです。不安な気持ちを抱えているからといって、誰かを愛することを控えるべきでしょうか。

愛を与えるには、愛が私たちの中を通って流れるようにするだけでいいのです。愛がにじみ出る前に愛を所有したり、偽りの完全性や個人的な完ぺきさを求めたりしてはいけません。

愛は完ぺきですが、私たちまで完ぺきである必要はないのです。

自分のあらゆる面を愛さなければ、誰かほかの人のある一面を称賛し、それにあこがれることはできないと思い込むのは自己中心的で愚かなことです。

自分を受け入れ、愛することを目標にすべきことは確かですが、自分が何か常軌を逸した態度や行動を取ってしまったために自由や幸福、他者とのきずなを失ったとしたら、自分を軽蔑することもあるでしょう。

自分について気に入らないことがあれば、その点を変えればいいことであって、欠点が改善されるまで、偉大な愛の光でほかの人々を照らせないわけではありません。

自分自身の神聖なる光線でほかの人々を照らし出すのに、光り輝く素晴らしい1日が訪れ、自分が完ぺきになり、常に幸福に満たされるようになるのを待つ必要はないのです。

◆――偉大な人間になる近道は〝愛を解き放つ〟こと

心を開き、愛を振りまくことは、何よりも勇敢で自由な行為です。このように神聖な意図を持ち、常に勇敢でいられる人はほとんどいないでしょう。

それでも私たちは、卑屈で弱く怠慢な人々と同じ運命を歩むべきではありません。偉大な人間になりたければ、世界に向けて目を見張るほどの愛を解き放つ必要があります。

愛に彩られた人生を送るという選択をしましょう。そして、あらゆる人の目に触れるように、私たちの思考や行動を通じて、次のメッセージを伝えるようにするのです。

「**あなたに、喜びと愛が訪れることだけを願っています**」

ですが、覚えておきましょう。人間の世界における愛とは、単に誰かに想いを伝えることではありません。

積極的に相手を大切にしていることを、実際に行動で示し、お互いに敬意を持たなければ、人間らしい愛を与えたり、感じたりすることはできません。

神の愛は普遍的に存在するので、もちろん感じることができますが、人間の愛は気持ちではなく、行動を通して伝えるものです。

愛とは想うことではなく、与えることなのです。

人生におけるあらゆる日々同様、今日私たちは自分がどんな人間になり、世界とどう関わるか選択することができます。

なんの意図も思いやりも持たずに他者と接することもできます。

他者を軽蔑し、冷たく接することもできます。

あるいは、心の底から彼らを愛する気持ちと情熱、完全で生き生きとしたエネルギーを持ち、彼らと接することもできます。

このエネルギーは、世界には潤沢な愛と神性があふれていることを彼らに思い出させるでしょう。

人生の質や人間関係の深さ、人類の希望は、あなたがどんな選択をするかにかかっているのです。

宣言8

偉大さを引き出す

8. We Shall Inspire Greatness

リーダーとなる人だけが目標を達成する

「あなたたちの運命がどうなるのかはわかりませんが、ひとつだけ言えることがあります。それはあなたたちの中で唯一本当の意味で幸福をつかめるのは、人々にどう奉仕すべきか模索し、その方法を見いだした人々だけだということです」

アルベルト・シュヴァイツァー

人々が無気力や無関心、ビジョンの欠如に陥り始めたら、そのときこそ、リーダーが声を上げるべきです。

モラルが低下し汚れた環境から、高潔な人々が立ち上がり、**何も恐れずに凡庸さと戦い、世界の舵取り役を買って出る必要があります。**あなたも、この一握りの勇敢な人々の仲間に入りましょう。

多くの人々が怠惰な生活を選んでいますが、私たちは偉大な人々が担う重責を恐れず、人類の長所という消えかかった黄金のたいまつを拾い上げ、命と力で再び火をともし、すべての人々に見せてあげましょう。

私たち一人ひとりが、ほかの人々に範を示すのです。あなたの人格と行動は、その偉大さと奉仕によって世界の隅々まで明るい光で照らすこともあれば、心の狭さと利己主義によって身近なところにいる不運な人々に影を落とすこともあります。

人生と世界を向上させるための努力は、純粋な動機による奉仕であればほかの人々に良い刺激を与えますが、どん欲な動機の場合、他者をないがしろにすることになります。

私たちは、勇気を持ってこう自問しなければいけません。

「混乱した現代において、私は自分が愛し、助けたいと思っている人々のロールモデルになるよう、日々努力できているだろうか？

周りの人々を向上させているだろうか？

ほかの人々がそれぞれの潜在能力に気づき、それを発揮できるように彼らを導くことで、人類の進歩に貢献できているだろうか？

私は、本当に素晴らしい人生を歩めているだろうか？」

あなたは偉大さを求めること、そして、偉大な人間にふさわしい仕事をすることを改めて集団として意識する必要があります。今こそあなたの中にあるこの強い力を呼び起こし、悪戦苦闘している人々が背負った世界の重みを取り除くように努力しましょう。

寛大さをつかさどる司令官の役割を引き受け、敏腕リーダーとして、ほかの人々と世界のために心を砕くのです。

そのために強い意志を持ち、世界と自分自身に対してこう宣言しましょう。


「**偉大さを引き出す**」

◆——あなたはもっと多くのものを得られる！　自ら先頭に立とう！

世界中の人々が危機に瀕しています。私たちが暮らす現代が、騒々しく無感覚で自己陶酔的な時代であることは間違いありません。

大半の人々は、才能や関心を個人的成熟と社会的責任に投資する代わりに、ゲームをしたり、他人の私生活をのぞき見したり、低俗な感覚的刺激を求めたりして浪費しています。

人類全体が中年の危機に陥ったかのように、スピードや利便性、空虚な主張の華やかさやスリルのために、うかつにも真に重要なことを放棄してしまいました。優れた人間になり、優れた社会を実現するための努力をあきらめてしまったのです。

大きなビジョンを持たなくなり、残ったのはすぐに手に入る確実なものだけ。努力は権利意識にその座を奪われました。

自己崇拝と自負心の時代へ移り変わる過程で、人々が立ち上がるという夢が描かれたページは早々に閉じられてしまいました。偉大さを求めることはほとんどなくなり、どの世代も人々の善意や進歩を維持できずにいます。

これは、どうしてでしょう。

原因は、ほとんどの人が**自分にも他人にも高い基準を求めなくなったこと**にあります。自分が高い基準を維持するには訓練が必要ですし、他人に高い基準を維持させようとすると対立が生じるからです。

そのため、自分たちの好ましくない態度には言い訳をし、社会的間違いを非難することもありません。

もはや、自分にも他人にも美徳や思いやりを持ち、知恵を使って素晴らしい行動をすることを強く期待しなくなりました。

上司が不正を行なっても見ないふり。口うるさくなりたくないため、子どもに行動を改めるように諭すこともなければ、威張っていると思われたくないため、部下の行動に口を出すこともできません。

より多くの人が自らロールモデルやリーダーとして奉仕する決断をしない限り、私たちの社会は、一部の意見を言わない無頓着な人々がそのほかの意見を言わない無頓着な人々を導くことの弊害に苦しむことになるでしょう。

人々は**勘違いによる自己満足に陥っています。**誰もがもっと多くのものを得られると知りながら、それを手に入れるために頭を働かせるのは面倒だと思ってしまうのです。快適さや利益、気楽な生活に浸っているほうが楽だからです。このような習慣が個人から偉大さを奪い、ついには世界中でリーダーシップが機能しなくなってしまいました。人々が無気力になり、不当な貧困がはびこり、不道徳な強欲がまかり通り、世界が戦争という罠にはまり、荒廃している状況からも、これは明らかです。

私たちが引き続きこの道を進むなら、歴史は人類に寛容ではなくなるでしょう。そして、私たちは運命に逆らった報いを受けることになります。

誰もが、努力すればもっとうまくできるはずだと思っているでしょうか。否定的な人々は、どうせ何もできないと言うでしょう。

彼らは、世界は地獄へ向かっていて、もう引き返すことはできないと言います。人類は不正を正すこともできないほど、惨めで利己主義だと思っているのです。

ですが、これは事実でしょうか。

なかには人生の苦難に打ちひしがれて、ほかの人を勇気づけるどころか、自分の気力を奮い立たせることすらできない人も確かにいるでしょう。

ですが、その一方で、世界を良くするために全力を尽くしている人々がいるのも事実です。彼らは、毎日朝からより良い明日を迎えるために戦います。**成長し、人の役に立つために積極的に学び、挑戦しようとする**のです。

また、彼らは自分たちの信念、そして、子どもたちやコミュニティーの特性を心から大切にしています。

もし、世界の大半の人々が一生懸命働かず、お互いのことを思いやることもなく、魂の中に善意という輝く光を持っていなかったら、この地球はとうの昔に滅びていたはずです。ところが、原子爆弾や処刑装置を使いこなし、近代戦が繰り広げられるようになった現在でも、人類はまだ生き永らえています。この事実自体が、大多数の人々が生命と美徳を重んじている証拠と言えるでしょう。

現在数十億もの人々が、世界がより良くなることを切に望み、何かを提供し、何かを信じ、何かのために戦いたいと思っています。私たちは非常に興味深い時代に生きていると言えるでしょう。

人々は**何か重要で、自分の人生やほかの人々の人生を向上させられることに創造力と労力、情熱を注ぎ、貢献したいと思っています。**

もう待ちくたびれました。あなたが自ら先頭に立ちましょう。

◆──まずは家庭内でリーダーシップをとってみよう

まずは、自分の家庭から始める必要があります。今夜、自分たちがどんな人間か、家族とじっくり率直に話し合いましょう。

固いきずなで結ばれた恋人であり、両親であると言えるでしょうか？

子どもたちは、善良で正直でしょうか？

大切に思う人々を、誠実に支えられているでしょうか？

家庭内の秩序は保たれているでしょうか？

この世界で、家族として改善できることはなんでしょう？

善良な人々が必ずしも偉大な人々になれないのは、正直に自分の私生活を振り返ろうとしないからです。ほかの人々のリーダーになろうとしているのに、自分自身を導こうとはしません。

やがて、この不調和が高じて、彼らは道から外れてしまいます。そこで、こう自問自答しましょう。

「自分の人生において、いずれ直視して改めなければならなくなるのはどんなことだろう？

もっと健康的な食生活を心がけるべきだろうか？　そうだとしたら、今から心がけるようにしよう。

もっと忍耐力を持って、優しく子どもと接するべきだろうか？　それなら、さっそく始めよう。

家族のためになるのに、後まわしにしている仕事はないだろうか？　あるなら、すぐやってしまおう」

こうして**人生に目を向けることで、心と精神を世界に向ける準備ができます。**

より大きな影響力を持ち、世界を変えるために努力していると、おのずとあなたの人生に注目が集まります。

そして、ロールモデルになることを意識し、自分の生き方を正そうという意欲がわいてきます。

協力してくれる人々に賛成して一致団結できているなら、家族とも団結しましょう。人々が課題や任務にもっとエネルギーを傾けられるようにしたいと思ったら、まずは自分が自立して、彼らに刺激を与えられるようになりましょう。

偉大な哲学者やリーダーはいずれも、世界を変えたければ自分が変わらなければならないということを私たちに思い出させてくれます。

◆──協力的で意識的な〝第三の視点〟で人を動かす

自分の家庭が秩序を取り戻したら、世界と再びつながることです。ほかの人々が有意義なプロジェクトや動機を見つけられるように手伝うことを目標にしましょう。

多くのリーダーが自分の計画を部下に押しつけている現代において、この違いは非常に重要です。彼らは、奉仕とは身勝手な行動ではないことを忘れてしまっているのです。

偉大な人間になるには、リーダーという責任ある立場を悪用し、世界の人々の心に侵入した利己主義者や過激な人々とは一線を画すようにしなければいけません。

リーダーと呼ばれる人々の多くが、どれだけ惨めな経験をしているか見ていきましょう。

彼らは人気を失いたくないがために、厳しい選択や自分の利益になる選択をせず、それよりも延々と話し合い、常に妥協し、一般の人々のニーズよりも会社の路線に従うことを好みます。恐怖心を抱えている彼らと違い、**私たちは勇敢さで注目を浴びる**ようにしましょう。

彼らは自分と同等かそれ以上の力を持っていない人々をさげすみ、一般の人々や最前線の人々と口を利くことはほとんどありません。彼らはエリート主義ですが、私たちは謙虚になって、部下たちと共に現場に出るようにしましょう。

彼らは熱のこもった議論やあらゆる感情表現を避け、常にきちんとしていて論理的だと思われたいと思っています。彼らの人間性はまるでコンピューターのように情熱がなく、心から離れています。

こうした人々は感覚を放棄しましたが、私たちは本物の感情ときずなを必死に求めるこの世界で、**情熱と人を引きつける魅力を持って生きていきましょう。**

彼らは疲れていて、実年齢よりもずっと老けて見えます。また、声にも生きる姿勢にも明るさがなく、悲しげな顔と遠くを見つめるその目には疲労がにじみ出ています。彼らには活力がありませんが、私たちは活力をみなぎらせましょう。

こうした人々は、最も声高に不平を言う落伍者や彼らを取りまく過激な人々の要求に応じて演説や政策を行ない、最も低俗な人々の話し方や思い込みを助長し、愚かにも人々を既成概念に当てはめて分類します。

彼らは過激な人々にへつらい、知的レベルの低い会話をしますが、私たちは協力的で意識的な第三の視点を提供しましょう。

彼らは反動的な愚か者で、浅はかなメディアの気まぐれに振り回されて自分を見失い、そのため何かのために戦うこともなく、無教養な大衆メディアに迎合しようとするのです。彼らは威厳と信念を失っていますが、私たちは失わないようにしましょう。

彼らは責任を負おうとせず、甘やかされて育った子どものように常に他人を非難し、責任を転嫁します。

彼らは無責任で、自分の行動やその結果を認めようとしませんが、私たちは常に責任を持つようにしましょう。

彼らは注目を浴び、収入を得ることにどん欲なので、常にもっと多く稼ぎ、権力を手に入れようとしています。彼らはどん欲ですが、私たちは見栄を張らずに、貧しさに苦しむ人々のために戦いましょう。

彼らは熟練した人々や現状の心地良さを好みます。そのため、世界とその問題を新鮮な視点で観察している、若くて経験の浅い人々の話に耳を傾けるのを忘れています。

彼らは初心者を活用できていませんが、私たちは初心者の友人になり、アドバイスを求めましょう。

彼らはひねくれていて、変化はゆっくり、あるいは正式な手続きを踏み、伝統に従って起こるものだと高をくくっています。彼らは社会的運動の力を経験したことがありませんが、私たちは自ら運動を始めるようにしましょう。

これらを私たちの課題としましょう。そして、勇気を出して新しい方法で人々を導くのです。

ビジネスやコミュニティー、国家をより高いレベルの美徳と偉大さへ引き上げられていない人々とは距離を置きましょう。

職場や学校、コミュニティーでどのような立場にあるかにかかわらず、素晴らしい行動を取り、人々を団結させるよう常に十分気をつけることで、世界に新しい手本を見せましょう。

希望のために苦闘し、光とリーダーシップを求めるこの世界で、私たちは灯台として光を放ちましょう。

世界がこれまでとは違った、新しいリーダーを求めていることを否定する人はほとんどいません。

ですから、どうすれば**従来とは違うリーダーになれるかじっくり考え、マニフェストを書いてみましょう。**

どのような信念や動機を支持しますか？

世界の問題に、どのような新しい方法で取り組みますか？

新しい運動のきっかけになるのは、どんなことでしょう？

私たちはどうすれば立ち上がれるでしょう？

◆尊重しながら、より高い基準を求める

変化を起こすのは、あなただけではありません。そのため、あなたと一緒に前進したい人がいたら、恐れずに彼らにも高い基準を求められるようになりましょう。

本物の変化や進歩を促すには、周りの人々に対して、ほかの人々が期待するよりも多くのことを期待する必要があります。

これは新しい領域ではありません。私たちが今日享受している自由をもたらしてくれた勤勉で尊敬すべき数多くの人々が、偉大な成功へと続く道をすでに切り開いてくれているのです。

偉大なことを成し遂げ、ほかの人々にも貢献したいという気持ちを起こさせた彼らの秘密はなんでしょう。それは、彼らが常に行動と美徳を求め続けたことです。

この世界にどれだけ影響力のある足跡を残せるかは、人々にもっと高い基準を求められるかにかかっています。

求めることは、強要したり、命令したりするという意味ではありません。もっとも、だからといってリーダーは尻込みするべきではありません。

求めるとは、**何を期待するか決め、率直に伝え、常に人々を高い基準まで引き上げること**を意味します。その際、立ち上がって挑戦しようとする人々にやる気を与えると同時に、立ち上がろうとしない人には声をかけて指導します。

今日の寛大すぎる環境では、人々はリーダーになるよりも友人になりたいと考えているため、叱責《しっせき》するという考えを嫌う人が多いですが、私たちはこのことについてもう一度考えてみる必要があります。

不正や低い基準に反対する善良な人々がいない社会は、悪意と凡庸さに支配されるようになるだけです。

誰かが過ちを犯したら、間違っていると教えるべきです。そうしないと、あれよあれよという間に基準が低下してしまいます。

誰かを傷つけている十代の若者がいたら、止めなければいけません。弁解は無用です。そうしないと、同世代の若者がみな身勝手で、残酷な大人になってしまいます。

嘘をつく政治家は、非難しなければいけません。そうしないと、嘘つきに国家の運営を任せることになってしまいます。

手を抜く同僚がいたら、話し合う必要があります。そうしないと職場中でごまかしや悪巧みが行なわれることになるでしょう。

美徳を持った世界が必要とするのは、**自分自身とほかの人々に高い基準を求める率直な人々**なのです。

誰もが有意義な目標に向かい前に進めるように、私たちはほかの人々の思い込みや行動を形成し、それらと対峙する方法を学ばなければなりません。

これは往々にして、人々に彼らが基準に達していないことや、もっと良い方法で貢献できることを告げるという意味でもあります。

多くの人々は、そのようなことを告げるのは恐ろしいと思っています。

また、現代社会には、なるべく事を荒立てず、ほかの人々に何も重要なことを期待しないようにする風潮があるため、この方法は不人気ですが、ほかにどんな方法があるでしょう。世界がますます無気力で不正直になり、劣化しているというのに、見て見ぬふりを続けるのでしょうか。

他人に多くを期待しないようにという人もいるでしょう。ほかの人々により多くのものを求めるのは間違っているというのです。

人々の能力や、可能性を信じていない人はこう言います。

「ほかの人たちのことは大目に見るべきでしょう。彼らは弱くて疲れているので、小さい目標を設定してあげないと、プレッシャーに負けて、たいてい落胆することになるからです」

これは、凡庸な人々が飛ばすヤジです。疑い深い人々の声に耳を貸してはいけません。そして、現在彼らが置かれている状況がどのようなものであっても、あなたは偏狭な想像力に任せて、ほかの人々が潜在能力を十分に発揮しながら生き生きと力強く生きていないと決めつけないようにしましょう。

成長し、成功を収める能力があるか疑い、神の子である人々の潜在能力を弱める資格など、私たちにはありません。

人々が直面する課題を念頭に置きつつ、常に彼らに**高い敬意をはらい、尊重する**ようにしましょう。そうするだけでも、彼らから受け入れられ、立ち上がる意欲を引き出せます。

◆――偉大さをもたらす９つの美徳

では、ほかの人々に具体的に何を求めれば良いでしょう。

それは自分で自分に求めるものと同じ、つまり、高貴な人格を持ち、自分の短所と長所の両方に目を向け、たとえ面倒で厄介なことになっても、世界に優れた貢献をする覚悟をすることです。

これを実現するために、私たちはほかの人々の人生に影響を与えるいかなる側面においても、彼らが知恵と美徳を持って行動できるように促します。彼らが私たちの話に耳を貸してくれるなら、偉大になるための9つの美徳を引き出すことで、偉大さの種をまきましょう。

◆―妥協しないために「誠実さを求める」

誠実さを求めましょう。誰でも信念を貫き、誇りを持って正しく生きたいと思っています。誠実でありたいと願っているのです。

誰も嘘をつかなければならなくなったり、嘘つきと呼ばれたり、他人の嘘にだまされたりしたくはありません。それにもかかわらず、どうして彼らは安易に小さな嘘をつき、無関心な社会は彼らの嘘を大目に見ているのでしょう。

私たちは誠実さを守り、不誠実な言動に気づいたら、指摘しましょう。人々が正直に生きられるように後押しするのです。

誰かが嘘をついたら、「真実を話してもらえないと困る」とすぐに告げましょう。これを率直さと言います。

こう告げることで、人々に高い基準を求めていることを示すことができるのです。真実について妥協してはいけません。そして、ほかの人々も真実に妥協しないように促しましょう。

◆――未来を向上させるために「責任を求める」

責任を求めましょう。多くの人は生まれつき自分の行動に責任を感じますが、やすきに流れて責任を放棄する人が多すぎます。

約束通り報告書を完成させなければならないとわかっていながら、遊びを優先してしまう人もいます。子どもの養育費を支払わなければならないと知りながら、そのお金を家賃に回したがる人もいます。

自分の行動に責任を持たなければならないことを自覚しながら、責任を回避して、自分たちの悪い行ないを両親や文化のせいにするほうが楽だと思っている人もいます。ですが、誰かが責任を逃れて楽な道を選ぶと、多くの人々が迷惑します。

リーダーの仕事は、相手にもっと責任感を持たせ、それを後押しすることです。

私たちが影響を与えている人々が責任を全うできなかったり、現実を受け入れられなかったりしたら、彼ら自身やほかの人々にどのような悪影響をもたらすか、あらゆる可能性を理解できるように手伝う必要があります。

「あなたが報告書を提出するという責任を果たさなかったせいで、前回の会議の際にチームの全員が待たされ、必要な情報が得られなかったことに気づいていますか？

あなたが養育費を支払わないせいで、息子さんが街の食料品店から食べものを盗んだことを知っていますか？

ご両親や文化のせいにしてもなんの解決にもなりません。どんな過去があろうと、自分の行動や人生の方向性に対する責任はすべてあなたにあることを理解していますか？」と聞きましょう。ほかの人々の間違いや失敗を指摘するのは大変ですが、リーダーになるのなら避けては通れません。

親切に接し、相手をよく理解しつつ、率直に情熱を持って、彼らの未来を向上させるために手を貸しましょう。

誰かが義務を果たさず、無責任な行動をしているのに、指摘するのをためらうのなら、リーダーにふさわしくないということです。

◆——質のいい行動をするために「知性を求める」

知性を求めましょう。世界には自分の人生やコミュニティーに影響を与える重要なことにも無頓着で、専門分野のことだけ表面的に知っているような人々があふれています。

人は無頓着になればなるほど、皮肉になります。わざわざ何が真実か知ろうとしなくなり、ものぐさで偏見に満ちているため、事実をよく検証もせずに頭ごなしに否定するのです。私たちの社会は、もう無知な人々を称賛するのをやめる必要があります。現代文化は、テレビに出ている決して賢明とは言えない人々や、雑誌に載った何も考えていないような人々、ラジオやテレビに出演する分別のない過激な人々を崇拝しています。

こうしたメディアに接して育つ子どもたちは、真実が見えなくなってしまいます。この事実から目をそらしてはいけません。偉大な人間になりたければ、ほかの人々が学び、探究し、批判的に考え、知恵をつけられるように責任を持って手伝う必要があります。

私たちが影響を及ぼし、導くすべての人々のために、自らロールモデルとなり、彼らがより思慮深く、知的になるように期待しましょう。

子どもたちにはもっとよく学習するように、同僚にはもっとよく調べるように、メディアにはもっとバランスの取れた内容の濃い報道をするように求めるのです。

誰かに無知な質問をされたら、質問する前にもっと時間をかけてよく調べるように促しましょう。

部下が無知な行動をしたら、もっと知識をつけるようにアドバイスして、教育係をつけましょう。

そして、私たちが関わるいずれの分野においても、本物の知性や才能、創造性を発揮している人がいたら、積極的にサポートして、やる気を出させることです。

◆――最高レベルの成果をあげるために「優秀さを求める」

優秀さを求めましょう。偉大なことを成し遂げる運命にある人々は、すべてを首尾良く完ぺきにこなさなければ気が済みません。

私たちも常に最高レベルの仕事をし、最高レベルの成果をあげるように努力しましょう。また、周りの人々も誰ひとりとして、心から興味を感じていない仕事に片手間に取り組んだりすることのないようにします。

仲間にそういう人物がいたら、私たちが高い期待をしていることを率直に話し、彼らがそれに応えられるようにあらゆる手伝いをしましょう。

それでもすぐに期待に応えられなければ、速やかに彼らを解任するべきです。前進を続けるうえで、凡庸な人々のために割く時間などありません。

向上することに対して、私たちと同じだけ強い関心を持っていない人々は、置いていかなければなりません。彼らは有意義な貢献をすることもなければ、私たちが選んだ道をたどることもできないからです。

実績をあげられない人々を切り捨てることについて、気に病む必要はありません。彼らはすぐに誰かから声をかけられ、自分の場所を見つけるからです。

これは彼らを軽蔑しているわけでも、冷たく扱っているわけでもなければ、彼らに感謝していないわけでもありません。

ただ彼らの貢献や才能のレベルが本当に求められている場所を見つけられるようにするだけです。

私たちは彼らを裁くこともなければ、彼らを「正す」必要もないのです。自分の価値観や使命を共有できる人々と共に旅をすることを選択するだけです。

世界レベルの実績を期待するのをためらってはいけません。その期待を広く共有することで、それが揺るぎない基準となり、全員からより質の高い行動を引き出せるからです。

◆――困難を切り抜けるために「勇気を求める」

勇気を求めましょう。世界の運命は、献身的に勇気ある行動が取れる人の数にかかっています。

影響が及ぶあらゆる分野において、私たちは自分の中の恐怖心に勝ち、自分が大切にし、支えている人々にも同じ強さを身につけさせる必要があります。

人々が言葉ではなく行動を重視するように促し、言葉が実際の努力に取って代わることのないようにしましょう。

「それについてどう考えていますか？」と尋ねるのと同じくらい頻繁に「それについて、あなたは何をしたのですか？」と尋ねることで、言葉よりも行動を優先するよう促せます。ほかの人々が萎縮して口を閉ざしたり、夢をあきらめたりするのを目にしたら、その理由を尋ねるべきです。

その答えが言い訳や弱音ばかりになってきたら、彼らには意志の力と強さが備わっていることを思い出させる役を引き受けましょう。対立の中から勇気が生まれることも少なくありません。

恐怖や不正と向き合い、隠れるのではなく困難を切り抜けることを教え、沈黙ではなく率直さを求め、引き下がるのではなく立ち上がるように促すのです。

◆──きずなの強いチームをつくるために「敬意を求める」

他者への敬意を求めましょう。敬意の光は、親切心、慈悲心、公平性、共感、愛情といった人間のきずなに関わるあらゆる美徳を育てます。

刺激を与えたいと思う人々に対しては、たとえあなたのほうが立場が強く、彼らに多くの要求をしているとしても、相手にあふれんばかりの敬意を示さなければいけません。

そして、彼らにもほかの人々に敬意を示すように求めるのです。導くべき人が増えるほど、リーダーや仲間に敬意を払わない人が混じっていることも多くなります。

そうした問題の人物にも親切に接しますが、妥協はせずに、彼らに謝罪を求め、態度を改めさせましょう。無礼な人にも愛情と忍耐力を持って接しつつ、警告すべきことははっきり警告するのです。

いかなる軽蔑的な態度や冷淡な態度、恩着せがましい態度も大目に見てはいけません。そうしないと、私たちまで尊敬に値しない人間と見なされてしまうからです。

◆――成功を維持するために「警戒を求める」

警戒を求めましょう。偉大な人々の中にも、健康ながら被害妄想を抱く人や、無気力の暗い影が輝く目標を覆い隠してしまうと恐れる人がいます。

意欲や訓練、忍耐力、献身といった、成功を維持するのに必要なすべてのものは、自分たちがなんのために戦っているか、失敗の要因となりそうなものは何か、どれだけ順調に進歩しているかを注意深く意識することで得られます。

重要なことに全員の注意を向け、進捗《しんちょく》状況を正直に伝えることで、警戒を求めるのです。

そして、常にこう言うようにしましょう。

「注意しましょう。自分たちの行動、改善すべき点、行く手に立ちはだかっている障害を理解するのです」と。

偉大なリーダーは意識的に緊張状態を保っています。穏やかながら、目を光らせているのです。

◆――みなのステージを引き上げるために「奉仕を求める」

奉仕を求めましょう。変化を起こすためにエネルギーや知識、才能を注ぎ込むという、祖先から引き継いだ重責を忘れてしまっている人が多すぎます。

お互いの人生を向上させるためでないとしたら、戦う必要などあるでしょうか。

家族やコミュニティー、世界のために再び立ち上がり、奉仕をしなければいけません。奉仕とは、良い行ないをし、ほかの人々の役に立ち、彼らが困難に直面したときには純粋で温かい支援をすることを言います。

周りの人々は、ほかの人々を心から大切にしていますか？

ほかの人々を、助けたいと思っていますか？

間違いを改め、共に努力をし、奉仕している仲間を喜ばせることができるか不安なのでしょうか？

心にこの価値観を持っていない人を、仲間に入れてはいけません。すぐに彼らとは離れましょう。利己主義と無関心のせいで、あなたの栄光を奪われてしまうかもしれないからです。

◆──大きな推進力を生むために「団結を求める」

団結を求めましょう。仲間の陰口やせせこましい態度のせいでコミュニティーの柱が腐っていたら、強く団結できません。

私たちはほかの人々の中にある、寛容、きずな、コミュニティーを求める生来の傾向を呼び覚ます必要があります。

そして、「私たちは団結している」ということをほかの人々に思い出させるのです。適切な人材が集まったら、どのリーダーも、人々が重要な目標に向かって共に歩み、協力し合い、常に共に行動し、苦労し、目標を達成することを期待するでしょう。

決して部下と口論するような、弱く、心の狭いリーダーになってはいけません。部下と話すときは必ず連帯感というテーマにも言及しましょう。陰口は禁物。チームを分裂させてはいけません。

また、ひとつのグループがほかのグループよりも重要だと思われないようにしましょう。誰かが自分勝手にふるまったり、利己的になったりしているのに気づいたら、彼らはほかの人々とつながっていることや、仲間のために奉仕すべきだということを思い出させましょう。

誰かを褒めるときには、その人がチームとその文化に与える良い影響に目を向けさせるようにします。

チームのメンバーが「自分」よりも「自分たち」という言葉をよく口にし、共に勝利を祝い、食事を楽しみ、泣き、努力している姿が見られたら、それが成功の瞬間です。

誠実さ、責任感、知性、優秀さ、勇気、敬意、警戒、奉仕、団結は、偉大さの美徳であり、私たちはこれらを自ら体現し、ほかの人々も体現できるように期待しましょう。これらの美徳は卓越した人々を生み出し、世界の諸悪と戦う剣としても活躍するでしょう。

こうした美徳を実現するのは厳しく、困難です。

たとえば、高い基準を満たせなかった人々を置いていくことなどできない、という人もいます。ですが、旅をするたびに全員を連れて行かなければならない、という大きな思い込みを捨てましょう。

実際には、私たちと一緒に歩みたくないという人もいます。そういう人々は、恥ずかしく思ったり、後悔したりすることなく、立ち去れるようにするべきです。

全員がすべての構想に参加する必要はありませんし、全員が大成功を収めるために必要な基準を満たすことはできないでしょう。

ですから、真に能力があって、全力で取り組める人を探し、そのほかの人々にはそれぞれの情熱や目標を見つけさせましょう。

◆―**あなたがリーダーとなってやらなければならない！**

自分自身や仲間を鼓舞し、偉大な目標に向かって努力し、奉仕できたら、どんな結果が得られるでしょう。

それは**凡庸さの死**にほかなりません。私たちの影響が及ぶ範囲から、月並みなものが一切なくなるのです。巨大な社会では、程度の低い人々がいなくなることはないでしょう。また、世界的な変化には時間がかかるため、私たちが生きている間に戦争や貧困、そのほかの陰鬱《いんうつ》な社会問題に終止符が打たれることはないかもしれません。

それでも、私たち生きている人々は挑戦しなければなりません。少なくとも多くの社会悪を終わらせるために努力しましょう。

私たちがしなければ、誰がいつするのでしょうか。私たちが向上しなかったら、歴史にはどう記されるでしょう。

もっと多くの人々が優れた人格と良心を兼ね備えた偉大な人間になる、人類にとって新たな夜明けが訪れるでしょうか。それを疑っていたら、失敗は免れません。

過去の世代が残したこの重責を担い、さらに遠くへと進み、その重荷と輝きの両方をより多くの人々と分かち合えたら、私たちは偉大さを体現し、未来の子どもたちから称賛され、あこがれられる存在になれるでしょう。

ですから、私たちにインスピレーションを与えてくれた人々が流した血と苦労して手に入れた勝利に敬意を表し、私たちが愛し、支えている人々やインスピレーションを求めている未知の人々に対する義務として、今立ち上がり、偉大になりましょう。

宣言9

時間をスローダウンする

9. We Shall Slow Time

〝今〟〝この瞬間〟に生きるために

「人生の目的は生きることであり、生きることは感じることです。喜びを抱きながら、酔っぱらいながら、穏やかに、あるいは敬虔《けいけん》な気持ちで、感じるのです」

ヘンリー・ミラー

人生は、有意義な瞬間がちりばめられた鮮やかなモザイクのようであり、深い思いが込められたこのモザイクはどんどん大きくなっていきます。
また、人生は全身全霊を傾けて、なんの制約も受けずに日々の経験と大恋愛するようなものです。

この愛を心と五感で感じ、**目の前に何が現れようとも高い意識と熱意を持ってそれに関わり、運命が選んで届けてくれた贈り物の包みを喜んで開きましょう。この瞬間を逃してはいけません。**私たちは、上の空で自分の五感や周りの環境に気づかず、耳や目でこの瞬間の素晴らしさを楽しむこともなく、人生を全速力で駆け抜ける運命にはありません。

今日という日は、暑い夏の日にせせらぎで涼を取るように楽しむためにあります。もっと困難な時期にあっても、月明かりに照らされ、静まりかえった草原を埋めつくす無数のホタルを見つめるように、畏敬の念を抱きながら周りを見回し、必ずやあまた存在する美しい場面や小さな驚きに息を飲み、闇の中のかすかな希望にも夢中になるようでなければいけません。

この瞬間を逃してはいけません。私たちの脳は、現代の狂乱状態に対応できるようにつくられていないのです。

私たちは、あらゆるものに無理やり注目させられて結局のところなんにも注目できず、甘い蜜と興奮剤を与えられてテンションが高まり、あまりにも多くの無作為でネガティブな情報を詰め込まれ、無意味な仕事を押しつけられるため、ひとつのことに焦点を絞って熱中することも、目標を達成することも、成功を祝うこともできません。

この瞬間を逃してはいけません。私たちは何時間も机に座ったままで、誰かと触れ合い、体を動かす喜びや、実際に何かを達成したり、創り上げたりして充実した1日を過ごした後の心地良い体の疲労感を奪われた、怠惰なデスクワーク中心の生活をしています。

しかしながら、私たちの体はこうした生活による衰弱に耐えられるようにつくられてはいないのです。

この瞬間を逃してはいけません。私たちの魂は、過去にとらわれる運命にはありません。昔の出来事にムダに執着して重荷を負い、過去の怒りや後悔の念によって檻に入れられるべきではないのです。これでは、白く清潔な現在の心の広がりを感じ、舞い上がることはできません。

この瞬間を逃してはいけません。私たちの家族は、あたふたした生活を望んではいません。また、私たちについて、いつも留守がちで、家にいても心ここにあらずだったことしか思い出せないようになることも彼らは望んでいません。

私たちは、この人生を逃してはいけません。ところが、誰もが疲れ果て、ストレスを感じ、今という瞬間から引き離されてしまっています。その代償は計り知れません。スピードと不安、パニックのせいで、多くの瞬間がぼやけてしまい、喜びのない人生という悲劇を生み出しているのです。

私たちは人生から、今よりはるかに多くの経験を得ることができます。ほんの少し集中し、努力するだけで、日々の恵みにもっと目を向け、人生にさらなる深みと感覚、意味を加えることができるのです。

それを私たちの目標にしましょう。混乱した状況から再び宇宙の本物の秩序へと焦点を移す必要があります。これができれば、今すぐ制約のない自由と平穏が得られます。

また、改めて呼吸を見直す必要があります。周りの様子に耳を傾け、体が感覚を取り戻せるようにしましょう。心と体を結びつけなくてはいけません。現在努力していることに、再び希望と情熱、愛を見いだすのです。

必要なのは、何に自分の注意を向け、時間やエネルギーを費やし、人生に対する意図や生きるペースをどう変えるか、考え直すことだけです。

私たちは、すべてをスローダウンする必要があります。そうすれば、また人生を感じ、楽しみ、そしておそらく生まれて初めて生きることができるでしょう。人生の恵みを感じられるようになるのです。そのためにこう宣言しましょう。

「時間をスローダウンする」

◆──時間には限りがあると、もう一度再確認しておく

途方に暮れ、後悔の念にさいなまれている人々は、きっとこう嘆くことでしょう。

「もっと時間があると思ったのに」

子どもが巣立ったときにも同じことを言います。あたかも、いつかそのうち、今よりもストレスから解放されたら、子どもたちが旅立つ前に彼らの存在に感謝し、称賛するつもりだったかのように。

「もっと子どもたちと楽しみ、成長を見守る時間があると思っていたのに」と彼らは言います。

仕事が奪われたときも同じことを言います。あたかも、もっと貢献できるはずだったのに、その機会を与えられなかったのは不公平であり、いつか頭角を現し、実績をあげ、貢献できる日が来るのを待っていたかのように。

「もっと実力を証明し、足跡を残す時間があると思っていたのに」と彼らは言います。

なんの前触れもなく恋人に捨てられたときも、同じことを言います。あたかも、なんの予告もなく、不意打ちに遭ったのであって、ずっと前に熱が冷めてしまったのは自分のせいではなく、いつの日かもっと良い恋人になるはずだったかのように。

「もっとどれだけ愛しているか、伝える時間があると思っていたのに」と彼らは言います。死の間際、ついに神の手が、なんとか現実にしがみついていた私たちの手を離させ、肺から息が漏れ、激しかった痛みが不規則な鈍痛に変わり、最後に平穏が訪れ、光が差したときにも同じことを言います。実感を持たずに後悔ばかりの人生を歩んできたのなら、自分自身にこう言うでしょう。

あたかも、そのうち自分の人生を生き始めるつもりで、以前から計画を立てていたかのように。

まるで、もう生きて誰かを愛し、重要な存在になるための時間は残されていないと不意に告げられたかのように。

時計が常に時を刻んでいることに、気づいていなかったかのように。

まるで、自分が呼ばれることを知らなかったかのように。

「もっとあると思っていたのに……」と彼らは言います。

私たちはこうなることを本当に知らなかったのでしょうか？

どうして愚かにもこれが皮肉なことだと気づかないのでしょう？

この宇宙は無限ですが、そこに暮らす**私たちに与えられた時間には限りがあります。**宇宙の秩序や時間が有限である理由を理解できないとしても、その結果は予想できます。

私たちは無作為に、あっけなく命を落とすことでしょう。乱暴に命を奪われる人もいれば、安らかに逝く人もいます。

運が良ければ、愛する人々に囲まれて最期を迎えられますが、ファンファーレなどの音楽で盛り上げられることはまずありません。

私たちは寛大な神からたくさんのカードを受け取っていましたが、さまよえる多くの人々は、決して本気でゲームをしようとしませんでした。

にもかかわらず、最期が訪れると、なぜ彼らは神の慈悲にすがり、もう一度カードを配ってほしいと、息も絶え絶えに懇願するのでしょう。

私たちは、やがて老いさらばえていくことをただ嘆いていることもできます。死が私たちの元にやってきて、愛の元へ戻るときが来たと耳元でささやく日が来ないように願うこともできます。そんなことは起こらないと、高をくくることもできます。

愛する人々が亡くなったり、事故が起こったり、青天の霹靂《へきれき》のような出来事に見舞われたりするたびに、人生は楽しめるうちに楽しむべきだということを学びますが、こうした暗示をことごとく無視し続けることもできます。

そして、自分の死については一切考えないようにするのです。今この瞬間に実際に運命が大きく手を振って、大声で呼びかけてきても、パニックに陥りながら、高級腕時計と予定がいっぱい詰まったスケジュール帳を見比べつつ、次はどこへ行こうか考え続けます。運命はこう言っています。

「友よ。友よ。私の友よ。あなたは目的の場所へたどり着いたのですよ。わかりませんか？ほかのものを探そうとしないで、周りに目を向け、感じてください。すべては今ここにあります。それに気づかなければ、人生を失うのと同じことです」

◆──今、存在するのは〝新しいもの〟だけ

非常に多くの人々が過去や未来に思いをはせ、今とは違う時間、ここととは違う場所へ行くことを夢見て今という瞬間から逃げてきました。その結果、どうなったでしょう。

死んではいなくても、ある意味で今とは違う時間の中で生きている人々は幽霊です。彼らの愛する人々は、決して彼らの完全な姿を見たり、感じたりできません。

宇宙は彼らを見つけて、恵みをもたらすことができません。彼らは霧のように消えてしまい、存在を確認するための点呼にも答えられません。

毎日の生活や、今という瞬間に存在しないのは間違いです。これ以上続けるのはやめましょう。これまで不在だったことを恥じる必要はありませんし、不在だった人々に辛く当たる必要もありません。

失った瞬間を取り戻すことは不可能です。昨日愛する人や部下と共に過ごせなかったという事実は変えられません。

こうした瞬間はどんなに心を痛めて取り戻したいと願っても、戻ってこないのです。失ったものは失ったもの。もうこれ以上悲しみを増やさないようにしましょう。

今から過去に何かを加えることはできません。また、私たちがしたこと、あるいはしなかったことに執着するべきではありません。今こうした瞬間はすべて天空にあり、物語として私たちの心に刻まれているだけなのです。

また、ほかの人々に辛く当たってはいけません。誰かと疎遠になったと感じていたら、いずれは相手も同じように感じるようになり、私たちが彼らを責めれば、自分自身を責めることになるからです。

私たちに必要とされていることに気づかなかった人もいますし、そんなことは気にしていなかった人もいるでしょう。ですが、今となっては、どうでもいいことです。

大切なのは、**今あなたの目の前にあり、自分の選択に従って生き、定義し、経験するものだけ**です。

今日深く呼吸すれば、昨日の香りはもう残っていないことに気づくでしょう。

今という瞬間には、新しいものしか存在していません。真っ白な空間、可能性で満ちあふれた領域が広がっているのです。私たちはいつでも五感を使って、この領域を探検できます。

目的意識とスキル、愛情を持って、ゆっくり可能性と向かい合い、探索しましょう。

◆──五感を意識して時間をゆっくり流す

時間をスローダウンするには、感覚を研ぎ澄まさなければなりません。もっとよく感じるためには、もっとたくさん取り入れるか、**すでに目の前に存在するものを深く感じること**です。

危機に直面したときや美しいものに接した瞬間、時間がゆっくり流れたのを誰もが鮮明に覚えていることでしょう。

角を曲がったところで事故を目撃したり、愛する人の臨終に立ち会ったり、子どもの卒業式を誇らしい気持ちで見守ったり。こうした瞬間、注意力が高まり、場面がスローモーションで展開するように見えました。

そのことを知っていれば、この能力を意識的に使って、時間と人生の経験をスローダウンすることを選択できます。

私たちは生まれつき、周りの状況を察知することができます。人間は高精度の感覚を持つ動物なのです。

視覚、嗅覚、触覚、味覚、聴覚という恵みは、今この瞬間の流れを引き込み、拡大するためにあり、大きなレシーバーのように使われています。

時間をスローダウンするときは、いつも呼吸から始めます。ゆっくり深く息を吸い込むと、体により多くの酸素が送られ、エネルギーと存在感が高まります。

ところが、ほとんどの人はどう呼吸すべきか知りません。周りには元気を回復させてくれる酸素がふんだんに存在しているというのに気づかず、ちびちびすすっているようなものです。

稀に深い呼吸をするのは、不快感や重労働によって息が切れたり、うなったりするときくらいです。ところが、今この瞬間に存在しながら深い呼吸によって脳に酸素を送り、最大限の力と注意力を発揮しなければ、人生を十分に感じることはできません。

呼吸に調子を合わせ、深く長く息を吸い込むようにすると、ただちに今という瞬間の経験が一変します。

演台や舞台に立つ前にひと呼吸。恋人や友人に厳しいことを言わなければならないときも、その前にひと呼吸。お店で並んでいるときや運動をしているとき、自分の席にいるときも、呼吸するたびに人生を受け入れ、それを感じることができます。

さっそく、呼吸に意識を向けてみましょう。大きな風船を膨らませるように腹部に空気を吸い込み、胸まで空気で満たされるのを感じたら、リラックスしてコントロールしながらスムーズに息を吐いていきます。

もっとも、毎回このような呼吸をすることは、不可能ではないもののなかなか大変なので、すぐに無意識が主導権を取り戻し、また浅い呼吸をするようになるでしょう。ですが、うまく条件付けすれば、長く続けられるようになるはずです。呼吸に集中すれば上達し、やがて自動的にできるようになります。

今という瞬間により存在できるようになるために、1時間に数回、特にしっかり知覚し、記憶に残したいと思っている瞬間に、きちんと呼吸できているか確認しましょう。

私たちを取りまく環境の細かい要素も知覚するようにすると、さらに時間をスローダウンさせられます。それには、周りのものの色や質感、配置に注意を払うことです。

そうすれば、窓から外を眺めたときに、木の枝が小気味良いリズムで揺れる様子に気づくことができるでしょう。

赤ちゃんの柔らかいほおに触れ、その表情を真似ながら、なめらかでシミひとつない肌を観察することもできます。

空にふんわり浮かんだ雲がいろいろな形になるのを観察することもできます。

お皿に盛られた料理を見て、緑色やオレンジ色の食材がどれほど芸術的に配置されているか気づくこともできるでしょう。

これは人と競ってすることではありません。獣が逃げ回りながら、素早く周りの状況を確認するのとは違います。

私たちが目指しているのは、**その瞬間を自分の中に取り込むこと**です。そのためにはひと呼吸して、目の前にあるものをじっくり見る必要があります。

急がずに好奇心を持って見ることで、人生に色彩を取り戻せるのです。

感触、つまりその瞬間に受けた身体的感覚への意識を高めると、時間をスローダウンし続けられます。ですから、もっと周りのものに触れ、手に取り、いろいろな角度から、その大きさや感触、細かい特徴をよく観察しましょう。

恋人にキスするときは、これが最も大切なキスであるように、その唇の感触を確かめるべきです。

歩くときもぼんやりせずに、かかとやつま先が地面に触れたときの感触を確かめながら歩きましょう。本当の意味で人生を感じ、実際に経験から喜びを得るための鍵は、私たちの肌が握っているのです。

今、何が聞こえるでしょう。私たちは人生が立てる音を弱めてしまうことが多すぎます。

走りすぎる車の音や樺《かば》の木に止まった小鳥のさえずり、私たちに話しかける美しい個性的な声など、耳に入るさまざまな音を愛すべきです。

人生をスローダウンし、満喫するためには、周りの世界が奏でる音楽を楽しむ必要があります。とはいえ、不快な音を排除してはならないというわけではありません。一部の音を聞かないようにするのと、すべての音に耳を閉ざすのとは違います。

最後に、この忙しい世界で最も邪険に扱われている感覚について見ていきましょう。

それは、味覚です。

私たちの暮らす社会には、飢えたハイエナのようにがつがつ食べる文化があります。よくかまずに飲みこんでしまうことも少なくありません。

歯触りや後味を楽しむこともなく、多くの人々は前の食事で何を食べたか全く覚えていません。ほとんど味わうという経験をしていないからです。

私たちはもっと威厳のあった時代に戻る必要があります。昔、食事とは慌ただしくかき込むものではなく、栄養と喜び、人生とのつながりをもたらす、意味のあるものでした。口にしているものを心から味わい、その食事を心から楽しめず、体にも健康をもたらさないとしたら、その食べものは拒否すべきです。

この公式はとても単純です。より多くの感覚を駆使してその瞬間を感じるほど、多くの時間がスローダウンし、心の中にある喜びに満ちた鮮やかな思い出の目録が増えるほど、人生はより感謝の気持ちに満ちたものになり、魂により多くの栄養を届けられるのです。

◆──感じる力で時間を自由自在にコントロールする

時間を感じたり止めたりできない人には、自動的に時間が止まったときのことを思い出させてあげるだけで十分です。

「芸術に浸っているとき、すべてのものがあなたの周りに集まってきたように感じたのを覚えていますか？」

「恋人のにおいを吸い込み、時間をスローダウンさせたときのことを覚えていますか？」

「あなたからもらったプレゼントを開ける、彼の表情を見ていたときのことを覚えていますか？」

ぱっと笑顔になったと思ったら、その瞬間がとても長く続きましたよね？

今、心の中で再生した光景では、彼の笑顔がとてもゆっくり顔中に広がっていったのではないでしょうか？

あの輝く笑顔は決して色あせませんが、まるで、時間がたてばたつほど、笑顔が長く残るかのようですよね？」

「友だちから悩みを打ち明けられ、親身になって同情しながら話を聞いていたとき、世界が止まったのを覚えていますか？」

「牧草地や森、砂浜を散策し、自然の景色を眺めながら、自然と一体になったのを感じたとき、その雄大さや力に息を飲んだのを覚えていますか？」

「一口ずつ味わって食べながら、この料理がずっとなくならなければいいのに、味がずっと消えなければいいのにと思った料理のことを覚えていますか？」

「長い間心待ちにしていたコンサートで聴いた音が、耳の中で脈打ち、心臓の鼓動に合わせてリズムを刻んでいるようだったのを覚えていますか？」

いずれも時を超越した、美しくて意味のあるものを感じるために、まるで時間そのものを一時停止したかのようでした。これは貴重な瞬間だけに限った話ではありません。

私たちは毎日のように不思議な力を経験できます。

この力は必ずしも神秘的なものではなく、**意識的に時間を引き延ばし、高まり、深まった感覚でその瞬間を感じるようにしているだけ**です。

時間に対抗するための人類最強の武器は感じることです。ですから、熟練すれば時間を自由にゆがめられるということを常に覚えておきましょう。

私たちには、時間をスローダウンさせ、なんとか時間の中に入り込み、時間の渦に巻き込まれながらそれを感じられるという、類い稀な力があるのです。

意志とモチベーションの力に加えて、五感を総動員して経験を味わい、経験の質を高める能力は、腐敗と戦い、真に自由で活発な人生を送るのに役立ちます。

◆──今を〝2拍引き延ばす〟と人生の質が変わる

もし、知覚を少しだけ増幅できたら、人生の質や人間関係はどう変わるでしょう。

ひとまず、どこにいるべきか、何をしているべきかは忘れましょう。その代わりに、**今という瞬間を2拍分だけ引き延ばす**のです。

せかせか呼吸していてはいけません。2拍分長く時間をかけて息を吸い込みましょう。部屋の中を素早くチェックするのはやめましょう。一つひとつの陰や部屋の隅を2拍分長く時間をかけてじっくり眺め、その部屋を感じるのです。

彼女をちらりと見るだけではいけません。彼女の目をのぞき込み、2拍分見続けましょう。次の食事は一気にかき込まずに、一口につき2拍分長く味わって食べましょう。味が溶けて舌の上にとどまるようにするのです。

心のこもっていないメッセージを送らないようにしましょう。もう一度読み返し、2拍分の時間をかけて、そのメッセージが相手に与えるかもしれない痛みを感じましょう。

バタバタ用事を片づけながら玄関に向かう途中で、形だけの「いってきます」のキスをしてはいけません。このキスを大切にし、しっかり落ち着いて心を込めたキスをするのです。そして、情熱を持って、この瞬間を2拍分長く続けましょう。

流れる時間を止めるこの2拍の間だけ、私たちは本当の意味で人生を生きていると言えるでしょう。

やがてこの2拍は4拍に、4拍は8拍になり、そうこうするうちに人生を経験し、自分がどんな人間で偉大さへと続く道のどの辺りにいるのか感じる技術や、本物の瞬間を生み出す技術、今という瞬間の無限で神聖なる自由の中で、喜びの達人として生きる技術が身につきます。

9つの宣言

宣言1　全身全霊を傾けて、力の限り人生と向かい合う
宣言2　自分の計画を取り戻す
宣言3　自分の中にひそむ悪魔に打ち勝つ
宣言4　思いのままに前進する
宣言5　喜びと感謝の練習をする
宣言6　信念を曲げない
宣言7　愛を増幅させる
宣言8　偉大さを引き出す
宣言9　時間をスローダウンする

【著者プロフィール】

ブレンドン・バーチャード

現在、最も幅広い層から支持されている自己啓発トレーナーのひとり。『奇跡が起こる遊園地』（ダイヤモンド社）、『人助け起業《ミリオネア・メッセンジャー》』（ヒカルランド）、『自分に自信を持つ方法』（フォレスト出版）などの著書があり、『ニューヨーク・タイムズ』紙のベストセラー1位にも輝く。

19歳のときに交通事故に遭ったのをきっかけに、自ら「人生のゴールデンチケット」と呼ぶ、2度目のチャンスを手する。それ以来、人々が自分に課された責任に気づき、世界と意見を共有できるようにするために生涯をかけて尽力。

バーチャードの取り組みは、世界中の何億人もの人々にインスピレーションを与えている。フェイスブックで最も多くの購読者を持つ100人の有名人のうちのひとりであり、毎週更新しているユーチューブ・チャンネルは、視聴者に向かって直接語りかける形式の自己啓発シリーズの中では、ユーチューブ史上最高の再生回数を記録。自己啓発系ポッドキャスト『The Charged Life』はアメリカをはじめとする数カ国において、iTunes初登場で総合1位に輝く。また、ブログ投稿は現代の自己啓発史上最も多く「いいね！」と「シェア」をされたブログのひとつに数えられている。

カンファレンスでの講演者としても高い人気を誇り、これまでにダライ・ラマやヴァージン・グループ創設者リチャード・ブランソン、ニュースキャスターのケイティ・クーリック、『フォーブス』誌の発行人スティーブ・フォーブス、『ハフィントン・ポスト』紙創設者アリアナ・ハフィントン、スピリチュアル系作家ウエイン・W・ダイアー、自己啓発作家トニー・ロビンズほか、世界の第一線で活躍する思想家やイノベーター数百人と共に登壇。

また、成功者のための伝説の自己啓発プログラム、ハイパフォーマンス・アカデミーおよび著者や講演者、ライフ・コーチ、オンラインの思想的指導者のための世界で最も包括的なマーケティング・トレーニング、エキスパート・アカデミーの創設者でもある。これらの事業に関して、アメリカの人気トーク番組のホストでもあるラリー・キングは、バーチャードを「世界でトップレベルの自己啓発、マーケティング・トレーナー」と呼んでいる。

人間のモチベーションおよびビジネス・マーケティングにおける思想的指導者と見なされるバーチャードは、マハリシ・アワードを受賞。エックスプライズ基金のイノベーション理事会の一員でもある。

【訳者紹介】

プレシ南日子（ぷれし・なびこ）

東京外国語大学卒業。ロンドン大学修士課程（映画史）修了。
主な訳書に『なぜ、あの人にばかり奇跡が起きるのか？』（きこ書房）、『THINK, IT'S FREE　才能を解き放ち成果をもたらす84の黄金律』（日本実業出版社）、『どん底から億万長者』（エクスナレッジ）などがある。

翻訳協力：株式会社トランネット

自分を貫く

2017年3月1日　初版発行

著　者　ブレンドン・バーチャード
訳　者　プレシ南日子
発行者　太田　宏
発行所　フォレスト出版株式会社
〒162-0824　東京都新宿区揚場町2-18　白宝ビル5F
電話　03-5229-5750（営業）
03-5229-5757（編集）
URL　http://www.forestpub.co.jp

印刷・製本　中央精版印刷株式会社

ISBN 978-4-89451-749-3　Printed in Japan